魯賓斯坦曾說

想要讀懂一個人，千萬別只看他的外表，
而是要懂得拆開那些外在的精美包裝。

的確，在這個滿是虛偽與狡詐的社會，想知道對方究竟是什麼樣的人，千萬別被包裝過的外表迷惑，
而要透視對方的內心，一眼看出他的底細。

瞬間讀懂

對方的心理密碼

PRACTICAL
PSYCHOLOGY

陶然——

要透視對方的內心並不困難，秘訣就在於掌握口是心非的人性。
只要靈活解讀對方肢體語言，你就可以擁有一對讀懂對方秘密的慧眼。

・出版序・

你不能不知道的察言觀色

想要瞬間讀懂人心，其實並不困難。即便是初次相見的陌生人，你都可以憑第一印象抓出對方的目的與可能隱藏的個性、心思。

一個人不管如何遮掩，內心深處最真實的一面，一定會透過表情、情緒反應、肢體動作和特殊偏好顯現出來，想在這個爾虞我詐的社會行走，就必須具備讀人讀心的重要本領。透過細膩的觀察，我們就可以迅速研判出對方心裡正在想什麼，是不是口是心非或言不由衷；提高自己的觀察與判斷能力，在人際關係中就可以無往不利。

心理學家愛德華・赫斯博士曾說：「想要看透一個人，不要只會用耳朵去聽他

說些什麼，而是必須用眼睛去看他做些什麼。」

這是因為，一個人的真正心思，往往會在做了言不由衷的事情之後暴露出來。

想要瞬間看透一個人，就不能光看他表現出來的那面，也不能光聽他說出來的話，而要從細微之處看穿他極力掩飾的另一面，以及藏在心中沒說出來的真正心思。

想要把人看透並不困難，重點就在於你是否懂得口是心非的人性。想要知道對方是什麼樣的人，想瞬間讀懂對方的心思，就千萬不能只用耳朵判斷，必須用眼睛仔細觀察他的一舉一動。

人與人之間，免不了必須進行溝通、互動。

從家庭、學校、職場，甚且社會，一個人的「成長」，說穿了就是透過不斷與他人相處從而逐漸改變、成熟的過程。

不妨想想，一天二十四小時之內，可能會碰上哪些人呢？想來數目應該不少！其中必定有已經相互熟識的，但也有可能是完全陌生卻不得不打交道的。無論面對哪一種，你有把握地與他們進行良好的互動，順利完成自己的期望與目的，而不使自身權益受損嗎？

回想一下過去的經歷，恐怕絕大多數人的答案都偏向於否定。

想要瞬間讀懂人心，其實並不困難。即便是初次相見的陌生人，你都可以憑第一印象抓出對方當下的目的與可能隱藏的個性、心思，且屢試不爽。不用懷疑，事實上，這就是「讀心術」的巧妙之處。

阿諾德曾說：「透識一個人的最快速方法，就是將他全身剝光，讓他赤裸裸地站在眾人面前，然後再看他做出什麼反應。」

因為，如果這個被「剝光」的人，是一個行事光明磊落的君子，沒有什麼不可告人之事，那麼他就不會在眾人面前驚慌失措，如果這個被「剝光」的人，是一個專門幹無恥勾當的小人，那麼當他赤裸裸地站在眾人面前，就會手足失措，深怕自己的馬腳會不小心曝露出來。

唯有冷靜觀察對方的肢體語言，對細微變化旁敲側擊，我們才能真正掌握一個人的真實內在。

人是最擅長偽裝的動物，現實生活中道貌岸然的小人很多，如果你不想老是受他們宰割，那麼就得放聰明一點，才不會老是受騙上當。

我們遭遇的人，可能比我們想像中正直，也可能比想像中陰險，交往之前必須先摸清對方的人格特質與心理需求。從一個人所傳達的肢體語言，我們可以迅速研判出對方是友好的或是狡詐、充滿敵意的；具有這種觀察能力，在人際關係中就可以無往不利。

人人都有個性，影響著他們的思想、喜好，進而決定他們表現在外的所有行為，只要不刻意掩飾——其實，就算用盡心機，還是會有小小的「馬腳」露出來，瞞不過真正懂得讀心的聰明人。

學會從小地方看人性，你必定可以得到很大的實質收穫，無論面對上司、同事、下屬、客戶、朋友、家人，都將立於不敗之地。為什麼呢？原因很簡單，因為你已經完全把他們的心思掌握在手裡。

• 本書是《瞬間看穿對方的心理》全新增訂版本，謹此說明。

PART ②　從聲音發現人的內心

從一句話不僅可以聽出許多弦外之音，還能表現出一個人的個性和內心想法，甚至可以讓人看出說話者人品的好壞。

從言語習慣發現一個人的秘密

說話者所表現出來的言語習慣具有交流的功能，因此破解言語習慣的密碼，對於觀察和理解一個人具有很重要的意義。

PART ④ 從言語動作瞭解人的內心世界

人在說謊話時，會引起面部和頸部組織的刺痛感，因而會透過揉或者抓來緩解。只要向他提出「請再說一遍，好嗎？」之類的問題就可以使他洩底。

PART 5 從交際方式洞察事業命運

追求權力不得自然會痛苦，得到了權力之後害怕丟失，同樣使人痛苦。得到了高位，「高處不勝寒」，孤獨自不必多言。

PART 6 如何聽出別人在想什麼？

巧妙地分析對方談話的口氣、速度、聲調，探究對方的內心正在想些什麼，這是增進人際關係的要點。

手指發出的訊號最不會說謊

興奮的舉動，在一般的場合下都是通過手來表達的。揮著拳頭，或者不斷用手指相互摩擦，無意識當中都表達了自己的意思。

PART 8 看看吃相，就知道大致情況

觀察飲食的愛好與習慣，將能夠有效歸納出人的特質與性格。例如貪吃的人往往比較貪心，他們在潛意識裡用吃來填補這種慾望。

「扮相」比長相更重要

不同社會背景對服飾的要求有所不同，俗話說「人配衣服，馬配鞍」、「三分長相，七分打扮」，相當有理。

PART 10 觀察，就是最好的識人方法

狡滑的人會將會議內容以及每個人的話一點不差地呈現給高層，卻不會表明半點自己的看法與觀點。

PART 12 從喝酒看清你的朋友

在酒桌上，如果你仔細觀察，會發現每個人端酒杯的姿勢都不盡相同，從端酒杯的姿勢可以看到一個人的個性。

從語言看透一個人的內在

懂得透過語言、
聲音等方面來透視別人的心理以及人品，
能使你在官場應酬、
生意談判以及結交朋友的過程中立於不敗之地。

從語言看透一個人的內在

懂得透過語言、聲音等方面來透視別人的心理以及人品，能使你在官場應酬、生意談判以及結交朋友的過程中立於不敗之地。

作家柯林斯曾經如此寫道：「成功者與失敗者最大的差別就在於，成功者比失敗者更懂得看人臉色。」

確實，所謂的成功人士之所以會成功，並不在於他們比失敗者能力強，而是在於他們比失敗者更懂得透過語言觀察別人，知道在什麼人面前該說什麼話，在什麼樣的時機，該做什麼事。

俗話說：「鸚鵡能言，不離禽獸。」

語言交際學家告訴我們，透過一個人的語言可以知道他的身分、經歷和個性。

例如，聲如洪鐘的是張飛，文靜典雅的是孔明；潑婦總是聲嘶力竭，學者則是字斟句酌。言語是一個人的標記，聽人說話就可以知道一個人的底細。

古人說「情動於中而形於言」，也有句俗話說「言為心聲」，這都意味著可以從言語來考察和瞭解一個人的心理和品行。

淺層次的瞭解包括透過一個人的說話聲、腳步聲、笑聲等知道他是誰。如果沒有經過專門的訓練，這種淺層次的瞭解只能用於親人之間的辨別。

高層次的瞭解則可以透過聲音去發現對方的心性品格、身高體重等。這是一個很複雜的判斷過程，不僅僅是經驗的總結，有很多時候還要靠靈感的發現。

然而語言是很容易偽裝的。如何辨別出真話和謊言呢？最好的方法就是注意觀察說話者的動作、表情以及說話的聲音等。

古代有很多這樣的例子。

春秋時期，有一次執掌鄭國國政的子產到外邊巡視，經過一個地方，突然聽到山後面傳來了一陣女人哭聲。

子產仔細地聽了一會兒，就下令把那個痛哭的女人拘捕起來。經過查問，原來

這個女人與人通姦，害死了自己的丈夫。

子產是憑什麼知道這一切的呢？其實很簡單，就是那婦女的哭聲。

子產解釋說，人生有三大悲：少年喪父、中年喪偶、老年喪子。這個女人中年喪夫，實在是人生的一件悲傷之事，但是她在丈夫墳前哭泣的聲音卻沒有悲傷的意味，其中必然有詐。

由此可見，子產從聲音辨別人內心世界的能力確實高人一籌。

懂得透過語言、聲音等方面來透視別人的心理以及人品，能使你在官場應酬、生意談判，以及結交朋友的過程中立於不敗之地。

瞬間讀懂對方的心理密碼

透過語言，可以知道一個人的內心和品格，觀察的規律很簡單，只要掌握兩個原則就可以。一是觀察他人「說什麼」，暴露出那個人的心理；二是觀察對方「怎樣說」，這可以顯示出他的人品。

說話太絕對，通常是為自己脫罪

把「絕對」掛在嘴邊的人，其實心裡很不安。當某些人不斷用「絕對」來進行保證的時候，多半表示他們在為自己脫罪。

日常生活中，我們經常碰到一些人總是把「絕對」這個詞掛在嘴上，被人們戲稱為「絕對先生」。心理學家研究證明，這種人往往比較主觀，常是以自我為中心的唯我主義者，他們的很多想法不合乎實際情況，在一般情況下，這種人是難以成就大事的。

喜歡說「絕對」的人，大多有自戀的傾向，有時他們的「絕對」被人駁倒之後，為了隱瞞自己內心的不安，總要找一些理由來加以解釋，總想讓自己的東西被別人接受。其實，不僅別人不相信他們的「絕對」，他們自己也不相信這樣的「絕

對」，不過為了維護自己的尊嚴，只好裝出相信的樣子。

把「絕對」掛在嘴邊的人大都是唯我主義者，別看他們自信滿滿的樣子，其實心裡是很忐忑不安的。

「絕對」這個詞語在字典中表示的是一種極端程度的意思，但在日常生活中，人們使用這個詞語的時候，表達的意義遠遠沒有字典中那樣極端。

那些經常說「絕對」一詞的人，不僅表示他們「自戀」，而且這個詞還可以被他們用來作為自我防衛的藉口和被證明錯了時的擋箭牌。

當某些人不斷用「絕對」來進行保證，如「絕對不會再犯」，「絕對不會再這樣做了」等等言詞的時候，多半表示他們正試圖為自己脫罪。

瞬間讀懂對方的心理密碼

滿口「絕對」的人，說出來的話可信度通常不高，聽到這樣的人說出來的話，態度必須有所保留，不可全信，才不會害到自己。

自吹自擂，只是為了掩飾自卑

經常自我吹噓的人，企圖透過吹噓自己，好掩蓋自己的自卑和弱點。他們認為，說一些自吹自擂的話，就能夠突出自己。

察言觀色雖然有點勢利現實，但卻是身處在爾虞我詐的人性叢林中，必須具備的人際應變智慧，如果你不懂得見什麼人說什麼話，見什麼風轉什麼舵，那麼你就很難讓自己在人性戰場上全身而退。

每個人心目中，都是以自己為中心，所以自己的位置一般都比他人高。

因此，在適當的時候，適時地「表揚」自己幾句當然是無可厚非的，這也是培養自信的主要方法之一。

問題是，有的人對自己表揚得實在有些過分，一開口就是「我如何如何行」，

這樣的人對別人一般常說「他算老幾」。

瞧不起別人的人多半都有自卑心理，他們不知道，平易近人才是美德，放下架子才容易與人交流和溝通，真正有自信的人往往謙虛。

這種經常自我吹噓的人，其實內心容易感到自卑。這種人常常不斷地炫耀自己的一切，諸如自己的父母，自己的朋友等。更有甚者，自己所做的某些事情本來不值一提，卻經常拿來吹噓一番。

譬如，有的人本來文章寫得太一般了，可是他們卻可以吹得天花亂墜，號稱自己的文章稿一字千金。

他們為什麼要這樣自吹自擂呢？

他們是企圖透過吹噓自己，好掩蓋自己的自卑和弱點。他們認為，說一些自吹自擂的話，就能夠突出自己。

這種人往往在內心裡對別人的優越之處一清二楚，只是沒有勇氣承認罷了，於是就用「貶」別人的辦法來抬高自己。

與這樣的人交往，如果要跟他們保持比較良好的關係，就應該經常對他們表示

自己很重視他們，千萬不要輕視他們。因為這些人很敏感，對他們來說，受人輕視是很難忍受的。

對於這種人你只要說上一二句表揚他們的話，他們就會感到比較高興，因為這樣正好能夠安撫他們自卑的心理。

瞬間讀懂對方的心理密碼

如果自己有這種自卑的心理，可以採取不斷發現別人長處的方法來加以改正，端正自己的心態，平衡自己的心理，與人相處融洽。

畢竟，沒有誰是一無是處，也沒有誰喜歡被別人看不起。如果總把「他算老幾」掛在嘴邊，只會顯得自己淺薄，不能容人。

過度強調「我」，代表不夠成熟

經常把「我」字掛在嘴巴上的人，並非要把自己的觀點強加於人，只是性格比較天真的表現，企圖強化自己的存在。

魯賓斯坦曾說：「想要讀懂一個人，千萬別只看他的外表，而是要懂得拆開那些外在的精美包裝。」

的確，想知道對方究竟是什麼樣的人，千萬別被包裝過的外表迷惑，而要透視對方的言行，一眼看出他的底細。

只要靈活解讀對方肢體語言，你就可以讀懂對方暗藏的心理密碼。

有些人開口閉口總是離不開「我」、「我的」等字眼。

孩童時期，有這種習慣的人相當多，不足為奇，這是一種「兒童型」語言的心理表現。可是，我們發現，一些成年人也常常這樣說話，原因何在呢？

心理學研究認為，有些成人之所以形成這樣的說話習慣，原因可以追溯到他們的嬰幼兒時期。

哺乳時期，嬰幼兒與母親有一種身心合一的親密關係。然而，到了斷奶時，嬰幼兒與母親親密的感覺就受到了威脅。

為了避免這樣的威脅，嬰幼兒學會了叫「媽媽」、「我」這些單詞，一定程度上緩解了孩子的不安全感。

在孩子的心目中，「媽媽」和「我」是密不可分的。沒有媽媽，他們很難生存下去，所以他們對媽媽有難以割捨的心理依戀，而他們聯繫媽媽的最好「工具」就是「我」。

孩子不斷地強調「我」，可以從母親那裡得到一種安全感，經過不斷強化，孩子就頻繁地使用「我」，好獲取更多安慰。

孩子慢慢長大以後，逐漸與社會同化了，由一家的孩子變成了社會的孩子，透

過不斷說「我」來獲得安全感的要求就逐漸淡化了。

可是，有些人「人長，智不長」，到了成年依然保持孩子的心理，自然也就保

留了兒童時代的說話習慣。

經常把「我」字掛在嘴巴上的人，他們並非要把自己的觀點強加於人，只是性

格比較天真的表現，企圖強化自己的存在。

瞬間讀懂對方的心理密碼

愛說「我」的人，倘若不是以自我為中心，或是有些自負，必然就是很天真。

如果自己有這種習慣，應該鍛鍊自己的個性，使自己很快成熟起來。

女人總是愛唱反調

別人對女人提出忠告時，在內心深處，她們可能已經接受，可是嘴巴卻往往會不由自主地說「我偏不聽」。

很多人認為，喜歡說「不」的女性往往女人味十足；更有人以為，說「不」是女性溫柔的表現。

有的人常常用這一點取笑女性，殊不知，這正是她們聰明所在，女性往往會用這種方法征服男性。

如果這樣的招數沒有奏效，她們就會變換一種方式來征服男性，這種方法就是眼淚。這是女性又一個高招，千萬不要小看女性的眼淚，女性哀怨的眼淚常常可以戰勝不少男性。

研究說明，會說「不」的女性常常都是比較能幹的，她們有主見，能持家，可以獨立完成某些工作。

但是，由於經常說「不」，她們往往又會遇到一些麻煩。

心理學家指出，女性心裡其實是願意的，但是嘴上卻常常說「不」。面對丈夫或戀人時，這樣的態度更為明顯。例如，嘴巴上經常說：「懶得管他」，其實卻是非常想管他。

同樣的道理，別人對女人提出忠告時，在內心深處，她們可能已經接受，可是嘴巴卻往往會不由自主地說「我偏不聽」。

由於這些經驗，比較聰明的男性對女性表示關心時，嘴巴上通常不會多說什麼，常常還會從相反的方面去進行「引誘」。

這種巧妙的暗示，一般比明說還有效。

女性是很特別的，有時很溫柔，有時又比較「蠻橫」。女性沒有男性的蠻力，但是卻有一張很靈巧的嘴。

有人曾說，要征服女人的嘴巴比登天還難。很多人都有這樣的經驗，勸女性不

要這樣做的時候，得到的回答常常是「我偏要」；如果勸女性這樣去做，她們的回答往往是「我偏不」。

只要能掌握女人這樣的說話特點，便不難左右女人的決定。

瞬間讀懂對方的心理密碼

面對把「不」掛在嘴上的女性，男性不要和她們較勁，因為她們往往是有口無心。很多男性不明白這一點，偏偏要和這樣的女性爭一個高低，結果弄得雙方都不高興。

太過壓抑，無法保守秘密

「保守秘密」和「告訴適當的人」實際上是同類語，如果真的想保守秘密，就不會對別人講了。

英語裡面有一句諷刺女人的話：「女人認為把秘密告訴給她最信任的人，並叮囑她不要說出去，就算是保住了秘密。」

其實，這個說法並不公道。

不論是男人還是女人，總有這樣一些人，一旦他們知道一點點機密，便有一種壓制不住的衝動，時時刻刻想把所謂的機密告訴別人，但是又怕走漏消息，所以不斷地叮囑他人。這種人最容易洩漏機密，也是最不可信的。

從心理學的角度看，一個人知道了其他人不知道的機密，要想長期隱藏在自己

的心中並不是一件容易的事情，一般人都會有一股企圖告訴他人的衝動。因為如果

一個人知道某個秘密，就會是一個沉重的心理負擔，把秘密告訴別人，就會感覺壓

力減輕，有如釋重負的心理愉悅，而且人都有探奇和窺密心理，向別人洩漏秘密，

有時可以博得對方的信任和歡心。

心理學家研究發現，越是秘密越想對人說。

在日常生活中，可能經常有人對你說：「這可是個秘密，對誰也不要講」、

「明白我的意思了吧？千萬不要對人說」。

為什麼會有這種情況發生呢？

第一，如果自己知道了一些秘密，別人就會覺得你了不起。你自己也會感到知

道很多小道消息和一些別人的隱私是一種值得炫耀的驕傲。

第二，秘密只藏在一個人心裡是會讓人感到苦悶的。

〈皇帝長了一對驢耳朵〉的童話故事相信不少人都聽過。

有一對驢耳朵的皇帝對理髮師說：「這是咱們兩人的秘密，不准對任何人講。」

理髮師向皇帝發誓，一定要保守秘密。

但是當理髮師忍耐了相當長的時間後，覺得再忍下去實在是痛苦難當。可是，如果不遵守誓言，就有被殺頭的危險。理髮師愛惜自己的生命，可是又有一股「一吐為快」的慾望在動搖他的內心。

為了擺脫這種痛苦，理髮師在地上挖了一個洞，然後每隔幾天就對著地洞大聲喊好幾遍：「皇帝長了一對驢耳朵。」

一般人都有這種毛病，你越是想讓他保守秘密，他就越想說出去。

要知道，「保守秘密」和「告訴適當的人」實際上是同類語，如果真的想保守秘密，就不會對別人講了。

瞬間讀懂對方的心理密碼

總是說「我只告訴你」的人，往往容易感覺苦悶，他們需要宣洩，因此愛發牢騷。他們期望別人為自己守口如瓶，卻往往什麼秘密也守不住，這無疑是不成熟的行為。

別讓小秘密成為心理壓力

哪怕是一點小小的煩惱也不要放在心裡。如果不把它發洩出去，就會越積越多，到時就一發不可收拾了。

如果感到壓抑就會心情緊張，心裡的不滿、煩惱越是排泄不出去，精神壓力就越大。在醫學上，對精神病的治療採取了感情淨化法。所謂「淨化」就是讓患者把所有的煩惱與不安全部傾吐出來，從而獲得一種寧靜的感情，這種方法對保持一般人的精神健康也有顯著的作用。

生活在現實社會中，我們每天都會遇上一些無聊的、不愉快的事情，造成很大的精神壓力。要是這種壓力過多，人就無法保持心理平衡，勢必會影響身心健康，最終甚至導致精神疾病。

保持心理健康的一個重要手段就是發牢騷。找一個自己信得過的人，把心中的不平、不滿、不快、煩惱和憤恨統統向他傾吐出來。

我們時常能看到有些人下班回家途中到酒館去，一邊喝酒一邊發牢騷，這就是一種自我的發洩方法。雖然看上去有損自我形象，但從心理健康的角度分析，這是個很有成效的方法。

人可以透過發牢騷來消除心中的不平與不滿，發牢騷能消除精神疲勞，使人輕鬆愉快地回到家中，第二天再精神飽滿地去工作。

聽別人發牢騷當然不是件愉快的事，所以，平時你就應當儘量和別人產生一種默契，這樣當你發牢騷的時候，對方就能夠耐心地聽你發洩了。

如果找不到發洩對象，最好是採取睡前寫日記的方法。比如：課長不把我放在眼裡，真是氣死人了，將來有機會，我一定要好好報復他一頓。

這樣寫了以後，自己的心情就會好受多了。要是連寫日記都嫌麻煩，你乾脆就獨自對著牆壁想說什麼就說什麼，發洩個夠。

請記住，哪怕是一點小小的煩惱也不要放在心裡。如果不把它發洩出去，就會

越積越多，到時就一發不可收拾了。

可是，如果知道了秘密就隨便與人說，明知對方是很不可靠的人，還對他說：

「這件事我只告訴你。」這不是很可笑的舉動嗎？

無論是出於哪一種原因，輕易洩漏秘密都是心理幼稚的表現。

瞬間讀懂對方的心理密碼

與好說他人秘密的人相處，要有極大的耐心去聽他說心裡話，花些精力對他進行開解。最重要的是，如果他常說「我只告訴你」之類的話，那麼他一定也把同樣的話告訴了別人，你若有私密的事千萬別對他說。

愛發牢騷的男性不善交際

> 將牢騷轉化為動力，可以因此得到別人支持，並進一步獲得成功。因而，發牢騷似乎也不全然是件壞事。

行為心理學家愛德華・赫斯博士曾說：「想要看透一個人，不要只會用耳朵去聽他說些什麼，而是必須用眼睛去看他做些什麼。」

想判斷一個人，不能光看他表現出來的那面，也不能光聽他說出來的話，而要從細微之處看穿他極力掩飾的另一面，以及藏在心中沒說出來的真正心思。

牢騷常常會表現出一個人的個性本質。

有些人因為對生活的追求比較高，發牢騷是因為他們內心不滿，有種種希望與

需要，難以得到滿足。

有的牢騷被人們稱爲高級牢騷，主要指要求尊嚴、表現價值、獲取榮譽等。這樣的人發牢騷不針對某一個人，而是針對他們所處的現實世界。

他們常常抱怨世道不公，就像一個利他主義的哲學家，他們所發的是「公怨」而不是「私怨」。

這些人之所以要發牢騷，就是因爲公正和善良受到了侵害，這種牢騷常常得到很多人的擁護，因此也常常被當作是正義的化身。

除了這種高級牢騷之外，還有一般的牢騷。

比如，有人一整年工作都很努力，但是年終發獎金卻少得可憐，既減少經濟收入，名聲上又不好聽，當然會讓人牢騷滿腹。

這些牢騷，主要是在表現自己的不滿情緒，但這種牢騷由於都有具體的對象，所以常常會得罪人。

很多調查資料表示，那些生活貧困的人一般都沒有什麼牢騷可發。因爲他們不須爲了生活整天忙碌，根本無暇也無心享受發牢騷所帶來的「快感」。

一般說來，只會發牢騷的男人常常是令人討厭的，但是有些女人卻偏偏鍾情於那些喜歡發牢騷的男人，因為有些男人通常也善於將牢騷轉化為動力，常常因此得到別人支持，並進一步獲得成功。

從這個角度看來，若是抱怨可以成為激勵人前進的力量，發牢騷似乎也不全然是件壞事。

瞬間讀懂對方的心理密碼

很多時候，發牢騷是無濟於事的，與其發牢騷，不如做一些實實在在的事情，何必讓自己心情受到傷害呢？

愛空談，想成大事就很難

喜歡說大話的男性常常都只出一張嘴，沒有多少本事，又缺乏必要的進取心，因此往往抓不住機會，很難成就大事。

有的男性喜歡侃侃而談，內容很廣泛卻常常出現不少細節方面的錯誤。

他們考慮問題比較宏遠，具有良好的大局觀念，往往有不少的奇思妙想，發前人所未發，富有很好的創造力。但是，這種人最明顯的不足之處是缺乏理性和系統性，談論問題不能細緻入微，常常給人不太謙虛的印象。

他們的知識、閱歷、經驗比較廣博，但是都不會很深厚，是很典型的廣而不深的人。這種人說起話來，上通天文地理，下通雞毛蒜皮，每一件事情似乎都顯得無所不知，無所不曉。「一壺搖不響，半壺響叮噹」，說的就是這種人。

對這種男人來說，講話是一種自我表現的形式，說大話的內容很廣泛，不懂足球可以大談足球，不懂音樂可以大談音樂，不懂科學可以大談科學。他們什麼都敢講，但是說出口的大話卻很難落實。

研究發現，這種人的缺點就是腦袋裡的知識缺乏系統，一旦面對實質性的問題，常常就會茫然不知所措，有時甚至想了幾十種方案還抓不到重點。

喜歡說大話的男性常常都只出一張嘴，沒有多少本事，又缺乏必要的進取心，因此往往抓不住機會，很難成就大事。

瞬間讀懂對方的心理密碼

與其誇誇其談，不如腳踏實地，閉上嘴動手去做。要知道，只做不說，要比只說不做好得太多了。

2.

從聲音發現人的內心

從一句話不僅可以聽出許多弦外之音，
還能表現出一個人的個性和內心想法，
甚至可以讓人看出說話者人品的好壞。

從聲音發現人的內心

從一句話不僅可以聽出許多弦外之音，還能表現出一個人的個性和內心想法，甚至可以讓人看出說話者人品的好壞。

有一句俗話說得好：「聽話聽聲，鑼鼓聽音。」如果你的觀察力夠，那麼從聲音便可以知道一個人的底細。

人的聲音各不相同，一個人就是一種聲音，有的宏亮，有的沙啞；有的尖細，有的粗重；有的如金玉，有的像悶鼓；有的人身材矮小，說起話來卻聲如洪鐘，有的人身材高大，說起話來反而細聲細氣。概括起來說，聲音的音量有大小之分，音色有美醜之分，還有音高、音長之分。

古人說：「心動為性，性成為聲。」可見在古人的觀念中，「聲」與「音」是

兩個不同的概念，但是一般人分不清楚這兩者的關係。這句話的意思是：一個人內心開始啓動意念就會產生神氣，神氣出現在外就會發出聲音。

心理學家研究發現，在言語交流過程中，音調的高低升降、抑揚頓挫，無一不包含著很重要的資訊。

每一個人說話的時候，內心感受、個性特點、身體狀況等都會完全暴露出來。

從一句話的聲調中不僅可以聽出許多弦外之音，從聲音的變化還能表現出一個人的個性和內心想法，甚至可以讓人看出說話者人品的好壞。

瞬間讀懂對方的心理密碼

如果想多瞭解一個初認識的人，最好的方法就是與他多說話，再從中仔細觀察、細細體會、用心分析他的說話特色，不難發現一些弦外之音，這些都是無法刻意掩飾或隱藏的。

聲音高亢，容易心生對抗

如果人的聲音高亢，說明這個人不會輕易向人低頭，總是滔滔不絕地發表自己的意見，不說服別人，不會甘心收手。

聲音的高低與人心理的緊張度有很大的關係。

聲音尖銳，一般情況下是感情無法抑制的表現，說明說話人差不多要達到憤怒的地步了。當你聽到對手發出這種聲音的時候，應該小心為上，千萬不要逞強，刻意去碰這樣的釘子，與這種狀態的人發生爭論是沒有任何好處的。俗話說「天子尚避醉漢」，這種人就是醉漢，何必自找麻煩？

如果一個人經常發出這樣的聲音，說明這個人的情緒很不穩定，往往喜怒形於色，對人的好惡表現得很明顯，常常會因為一點點小事勃然大怒、痛哭流涕，無法

壓仰自己的情緒。但是，這種人對於自己認定了的事情卻非常執著，往往會一往無前，不達目的絕不會善罷干休。

如果人的聲音高亢，表明這個人有神經質，對人和環境的反應非常敏感。這種人往往會因為換一張床，或換一間房就會難以入睡。

不過，這種人具有豐富的想像力，比較有創意，對美的追求很執著，不會因為受到阻力而後退。他們不會輕易向人低頭，總是滔滔不絕地發表自己的意見，不說服別人，不會甘心收手。

面對這樣的人，沒有必要反駁他，如果試圖說之以理，只會換來無盡的疲勞轟炸。當他滔滔不絕的時候，將一切話都當耳邊風就是了。

瞬間讀懂對方的心理密碼

發出高亢而尖銳聲音的人個性比較狂熱，碰上事情容易興奮，不容易疲倦，很能發揮自己的個性，成功的機率比較大，常常少年得志。

說話沉穩，處事也沉穩

講話比較沉穩緩慢的人，品性大都很踏實，一開始可能很難與這樣的人相處，但是到了後來，他們卻是最忠實和可靠的。

一般來說，可以從一個人說話的音調看出他的個性。

如果一個人說話時聲音像耳語一般，這樣的人大多性格內向。為了讓自己的話不傷害他人，他們說話總是字斟句酌，考慮好了才說出口，特別是在公共場所發言，由於害怕他人反對自己的意見，更是不肯輕易說話，害怕有半點差錯。

內向型的人經常自我封閉，有意無意地與別人保持一定的距離，不讓他人瞭解自己的內心秘密。正因為如此，他們說起話來自然就不會暢所欲言了。

喜歡竊竊私語的人對別人有著特別強的戒心，認為把多餘的事情告訴對方完全

是沒有必要的。正是由於這個原因，他們越來越變得沉默寡言，甚至連話也不想說，只想把自己緊緊地包裹起來。

這種情況不僅發生在一對一的單獨交流當中，在大庭廣眾之中也是這樣。他們自己有了想法，但是從不主動說出來，因此常常欲言又止，說起話來吞吞吐吐。只有在非常熟悉的人面前，他們才會解除戒心，放開嗓門說話，毫無掩飾地大笑。這時候，他們的本來面貌才完全表露出來。

這樣的人並不是一無是處，雖然他們對外人十分警惕，但是對自己的親戚朋友向來是很溫和的。因此，與這樣的人交往，只要以心交心，就可以得到他們的信任。

喜歡竊竊私語的人一般都是小心翼翼、神經質，或者是懷有某種秘密，因此口封密實，絕不流露真心。

講話比較沉穩緩慢的人，聲音一般溫和而沉穩，這樣的人往往有長者的風度，說話時會把聲音的頻率放得比較低，給人正在對人諄諄教誨的感覺。如果對方充分地理解了他們說話的意圖，說話的語調也會變得更加舒緩而低沉。

這種人的品性大都很踏實，一開始可能很難與這樣的人相處，但是到了後來，

他們卻是最忠實和可靠的。

他們考慮問題常常很深，具有很強的耐力。這種人雖然不喜歡講話，但是所說的話會給人誠實的感覺，可能正是因為木訥，反而具有很強的說服力。

這種人做事總是按部就班，目標一旦確定，就會朝著自己的目標不斷地努力。

他們辦事總是慢條斯理，一點也不會著急。

瞬間讀懂對方的心理密碼

具有溫和而沉穩的聲音的人，給人的印象往往比較老實。這種人有固執的一面，常常固執己見，從不輕易向他人妥協。他們不會去討好別人，也很少受他人意見的影響。

聲音洪亮，為人自信樂觀

嗓門大的人有時候會強人所難，但是，由於他們敢於直抒己見，能夠把自己的意見直接表達出來，所以這種人是很正直的。

聲音的大小與一個人的個性關係十分密切。喜歡用大嗓門講話的人，個性一般都比較外向，他們的目的似乎是為了對方聽清楚自己的話，所以說起話來聲調明快自然，很快就會與人打好關係。

這種人的重要特徵是重視人際關係，善於與人交往。

當他們的想法被他人接受，雙方達到情投意合的時候，聲音會越來越洪亮，在聲調中間充滿著無限的自信。那些下結論很快的人，往往就是這些外向型的人。通常，他們會支配他人，甚至強迫他人接受他的意見。

在工作當中，說話聲音大的人個性比較樂觀，為人很直率，是可以信任的人。

但是，這樣的人說話快人快語，很容易得罪人，也缺乏必要的冷靜，往往會被人利用。如果不改變這樣的為人處事方式，很難成就大事。

說話聲音大的人往往缺乏說話的情調，女性總希望男性說話的時候聲音溫柔一些，嗓門大的男性卻常常忽略了這一點，不自覺地用大嗓門證明自己的男子漢氣質，以為這樣不會羞澀，不會扭捏，有豪情，有氣勢。

嗓門大的人，不讓別人插嘴，不容別人反駁，儼然一副發號施令的神情。有的女性比較喜歡這樣的男性，認為這樣的男性有大丈夫的氣度，但是更多的女性不喜歡這樣的男性，所以這樣的男性桃花運並不好。

良好的談話方式不僅要會說話，還要會聽話。不僅要用耳朵聽，還要用眼睛、嘴巴等面部五官去聽，更要用心去聽。

會說話的人不僅僅是要調整好合適的聲音，而且還要用表情、姿勢、動作等幫助自己說話，嗓門大的男性主要缺乏的就是這些。

嗓門大的人有一個不足之處，就是有時候會強人所難，甚至成為本位主義者。

但是，由於他們敢於直抒己見，能夠把自己的意見直接表達出來，所以這種人是很正直的，值得信任的。

瞬間讀懂對方的心理密碼

聲音的大小雖然是一種天性，但是這種天性是可以改變的。只要認真加以訓練，這種人的聲音可以更加完美。

從聲音特徵發現處事風格

說話的聲音具有沙啞特徵的人，會憑藉自己的力量去發展自己的勢力，這種人不怕失敗，失敗往往會更加激發他們的鬥志。

說話聲音嬌嫩的人，心氣往往比較浮躁，也可能具有雙重人格。這種人常常女性居多，這樣做往往是為了期待更多的關懷和愛護。

如果女性具有這種聲音特徵，說話時聲音中帶著一股嬌嫩的感情，可能很想得到大家的喜歡和寵愛，不過有時會因企圖博取更多人的喜歡反而遭人討厭。

具有這種聲音特徵的男性多半是獨生子，在百般呵護之下長大，所以變得嬌聲嬌氣。這類男性獨處的時候，時常會感到非常寂寞，遇到需要自己做判斷的事情時，更會顯得不知所措。面對自己喜歡的女性，他們往往會變得非常含蓄，從來不

會首先發動攻勢，因此常常坐失良機。與女性單獨交談時，他們也顯得十分緊張，常常是手腳無措。

與聲音嬌嫩相反的是聲音沙啞的人。

說話的聲音具有沙啞特徵的人，會憑藉自己的力量去發展自己的勢力，這種人不怕失敗，失敗往往會更加激發他們的鬥志。

這種男人的不足之處是往往自以為是，對有些他們認為不重要的事情常常掉以輕心。與這種人往來時，要注意不要勉強他們接受自己的觀點。

如果男性具有這種聲音特徵，那麼一般來說，他們多半具有很強的耐力和極強的行動力。一般人不敢做的事情，他們都會打起精神、鼓足幹勁往前衝，不達目的絕不輕言放棄。

如果女性具有這種聲音特徵，那麼她們往往比較有個性，表面上或許溫柔，實際上個性卻比較剛烈。表面上，她們對任何人都顯得彬彬有禮，然而她們卻難以表現出自己的真心。

她們與同性之間意見往往不一致，甚至有時會受到對方的排擠，但是，卻很容

易獲得男性的歡迎。這種人對服飾的感覺極好，在音樂、繪畫……等藝術方面往往有比較高的天賦。

瞬間讀懂對方的心理密碼

對於男性，擁有勇往直前的品性固然難能可貴，但是古有明訓：「三思而後行」，也必有道理。對於女性，溝通往往是良好人際關係的前提，取得這個前提的條件就是要與人真誠相待，以心換心。

說話渾厚，易交朋友

聲音渾厚的人富有正義感，交際範圍廣泛，能與各種各樣的人來往，不願老老實實地守在家裡，往往是事業上的成功者。

一般來說，聲帶厚的人聲音比較渾厚，聲帶比較薄的人聲音比較單薄。

另外聲音的渾厚與單薄跟腹腔發音和口腔發音關係也十分密切。用腹腔發音的人聲音比較渾厚，中氣很足；而用口腔發音的人聲音比較單薄，中氣顯得不足。

無論男性還是女性，具有這種深厚的發音特徵的人，一般都具有樂善好施的品性和領導的才能。

具有這種聲音特徵的男性往往前程很好，可能成為政治家或實業家。這種人富有正義感，具有領導才能，交際範圍比較廣泛，能與各種各樣的人來往，有很多朋

友，喜歡四處活動，不願老老實實地守在家裡。可能正是因為這個原因，他們往往是事業上的成功者。不過，這種人的感情通常比較脆弱，常常會因為一時爭吵或一時的舉動，而使自己後悔不已。

由於他們的個性比較開朗，隨著年齡的增長，身體可能發胖，因此應該注意飲食，不要暴食暴飲。

具有這種聲音特徵的女性，與女性相處得比較好，有很好的人緣，容易獲得大家的信任，有什麼事情，大家都喜歡跟她談論。不過，她們比較心軟，往往花錢買一些高價的商品，推銷員遇到這種人是不會輕易放過的。

瞬間讀懂對方的心理密碼

聲音渾厚的人交遊廣闊、性格開朗、感情豐富，具有這種個性的人應該注意鍛鍊自己的理性特質，不要心太軟，否則很容易吃虧。

說話語調快，反應會更快

說話速度很快，用詞也很豐富的人，喜歡接受新鮮事物，常常會首先把新的詞語或新的方式運用在自己的言行裡。

講話語調變化快的人不僅反應很快，而且善變，是典型的變色龍。就像四川的「變臉」藝人一樣，剎那間就可以改變臉孔。

面對上司的時候，他們低聲下氣，一副十分順從的樣子，唯上司的話是聽，而且他們一般很會忍耐，常常刻意壓制自己的內心感受。

面對地位不如他們的人時，馬上就會改變面孔，變得趾高氣揚、不可一世的樣子。他們在上司面前的壓抑，往往會轉嫁到下屬的身上。

這種人的行為常常會帶到公共場所或家裡去。他們在商店裡買東西，知道「顧

客就是上帝」，所以對營業員常常耍威風。

這種人有明顯的自卑感，也具有明顯的攻擊性，只是表現的場合不同而已。

譬如，在與女秘書談話時，他們的語調常常是很溫柔的，這並不等於他們不是變色龍，而是他們對此精心準備，有意而為之。這種變色龍的本質，常常會在無意之中表現出來。

這樣的人評價別人的標準往往是地位、職業、學歷等，而不是能力和品格。這種人常常在不必要的場所到處散發名片，以便充分顯示「處長」、「博士」、「教授」等身分帶給他們的的無形資產。

其實，這樣的做法是粗俗而令人討厭的，因為一個人的能力、地位、學歷等，根本沒有必要用這種方式表現出來，真正有修養的人還應該表現出謙虛的態度，給人親切的印象。

說話速度很快，用詞也很豐富的人對人對事都比較熱情，知識比較豐富，對人情世故具有很強的洞察能力。

這種人的反應能力很強，喜歡接受新鮮事物，常常會首先把新的詞語或新的方

式運用在自己的言行裡。

讓這種人做他們力所能及的工作，做出來的成果多半令人滿意。

與這種人打交道，應該注意充分尊重他們的人格，不要隨便指點他們，否則一旦他們認為你沒有資格與他說這樣的話，常常就會對你進行攻擊。

瞬間讀懂對方的心理密碼

自己如果講話的語調變化很快，應該時時提醒自己注意對人、對事一視同仁，不要一會兒充英雄，一會兒當奴隸。這種處世態度很容易讓人瞧不起。

處處爭辯，事情也無法改變

與其跟別人爭得面紅耳赤，滿臉就像塗上油彩，倒不如用一雙童真單純的眼睛去看待這些事情。

有種男人時時刻刻都想突出自己，時時刻刻都認為自己沒有得到公正的待遇。

平心而論，要求得到公正待遇，這是人之常情，但如果總是自以為是，隨時隨地都要跟別人爭個高低，這就不好了。

我們應該明白，人世間不公平的事情太多了，無論大事小事都要追求公平，實在沒有什麼必要，也是不可能做到的。

很多時候，喜歡辯論的男性不僅僅據理力爭，得理不饒人，而且往往氣壯如牛，總想在辯論中把對方打倒。在這種人的心目中，總認為自己掌握著真理，只要

對方偃旗息鼓，自己就是勝利者，就擁有了真理。

這樣的男人，從本質上看其實是外強中乾。他們把大好的時光都耗費在無聊的辯論上，把心思都用在勝敗的較量上，哪裡還有心力去做更有意義的事呢？

說到底，他們究竟從爭辯的勝利中得到什麼？其實，什麼也沒有得到。對方無法得到快樂，他們自己也同樣得不到快樂。

另外，這樣的男人容易衝動，不善於判斷事物的發展方向，因此，他們雖然不怕困難，但通常也很難取得預期的效果。

這樣的男性如果明白「大音希聲，大辯若訥」的道理，那麼他們的前途便可以很光明。否則，真的會成為真正的外強中乾的弱者，一生就在爭論之中莫名其妙地虛度。

著名作家三毛曾經這樣說過：「不求深刻，只求簡單。」這句格言十分值得人們好好地思考，特別是女性。

愛爭辯的女人，通常令人討厭。在一般的印象裡，女性的溫柔是美，女人可以遊山玩水，可以講究穿戴，但是絕對不應該對一個問題糾纏不清，窮追猛打。

女性應該記住，與其跟別人爭得面紅耳赤，滿臉就像塗上油彩，倒不如用一雙

童真單純的眼睛去看待這些事情。如果不知道改變自己，一心一意企圖用盡方法成

為女強人，恐怕就很難得到美滿的婚姻了。

瞬間讀懂對方的心理密碼

世界上的事情往往是很複雜的，即使是不斷的爭論也未必能夠得出正確的結論。

何況自己即使成了贏家也不過如此而已，他人不一定認可，自己也不一定氣順，

又何必爭得面紅耳赤呢？

謊言反而容易洩漏秘密

謊言就像一面鏡子，透過說謊的方式，可以看出一個人的真實面貌。從識破說謊的動機開始，或許就可以發現很多秘密。

越是喜歡說謊話的人，越是喜歡標榜自己是正人君子，這樣的人其實是不折不扣的偽君子。可是偏偏還是有人相信「不說謊話辦不了大事」，因而經常撒謊，但是又自我標榜為君子。

他們最常說的一句話就是：「你什麼時候聽我說過謊話？」

不少男性常常會犯這樣的毛病。

男性常常說謊，往往是一肚子壞水，他們可能會取得很大的成功，但「兔子尾巴長不了」，不需要很長的時間，就會嚐到身敗名裂的苦果。

研究發現，女人對說謊話的男人向來是避而遠之的，只要識破了這類男性的謊言，很快就會離開他們。

說完了男性，當然也不能不說說女性。

有人曾經說過，世界上有一大半的謊言是女性編造出來的。

女人常常會不由自主地說謊話，這是因為女性為了保持自己內心的平衡，謊言的後面往往有某種目的，比如渴望得到別人的愛，希望平等地與人相處等。

無論是自己編造謊言或被謊言所騙，在女性心目中，留下的印象總是比較長久，她們往往在謊言中度日如年，不得不下一次謊言來掩飾上一次謊言。

善於編造謊言的女性常常也是很有心機的，她們說謊常常是為了搪塞。

比如，自己討厭的人打電話來，她們會藉口有事而掛斷電話；有些事情她們本來不願意做，但是由於面子問題，當下不得不答應下來，過了一段時間，她們就會找各種藉口推辭。

有的女性常常用這種方式對付不喜歡的男人，很多男人也常常在自己被弄得精疲力竭後才得到對方一點點的真情。

有的女人會因為愛慕某位異性，千方百計地用謊言討好對方。比如說，自己本

來不喜歡看某一本書，但是卻會三天兩頭去與愛看這本書的男人談論這本書的內

容；又或者她們本來對某個問題已經弄懂了，但卻會假裝不懂而向男性請教。

由此可見，女性說謊話可以分為善意和惡意兩種。從這兩種動機不同的謊言

中，我們也可以窺見女性不同的秘密心事。所以，有人才說，謊言就像一面鏡子，

透過說謊的方式，可以看出一個人的真實面貌。

女人可以輕易弄懂男人的心，男人卻很難弄懂女人在想些什麼。不過，如果男

人夠細心，從識破女性說謊的動機開始，或許就可以發現女性的很多秘密。

瞬間讀懂對方的心理密碼

很多女人說的話常常會與自己的心意相違背。由此我們或許可以推知，言不由

衷往往是女性的通病。

3.

從言語習慣
發現一個人的秘密

說話者所表現出來的言語習慣具有交流的功能，
因此破解言語習慣的密碼，
對於觀察和理解一個人具有很重要的意義。

從言語習慣發現一個人的秘密

說話者所表現出來的言語習慣具有交流的功能，因此破解言語習慣的密碼，對於觀察和理解一個人具有很重要的意義。

澳大利亞語言專家皮斯在一本叫《為何男人不會聽，女人不會看地圖》的書裡指出，在人類的進化過程中，男人和女人形成了不同的語調和交流方式。

皮斯研究發現，女性說話時平均使用五種不同的語調，女性的語調常常用來開始一個新話題或轉變話題。

但是男性說話只用三種語調，而且往往只能辨別女性五種語調的其中三種。也就是說，當一個女人使用五種語調談及不同的新東西時，很多男人卻認為她老在重複一個話題。這就解釋了一個男人和一個女人交談時，男人總是面帶疑惑的原因。

為什麼會出現這種現象呢？

皮斯認為，幾十萬年的進化過程是造成男女交流風格不同的原因。女人的大腦具有在言語、聲音及非言語層次上進行有效交流的功能，跟她們百萬年來生養孩子及所謂「護家者」的角色關係密切。一天之內，女性能夠透過語言、語調的變化和手勢、面部表情等，發出多達二萬四千個交流信號。相比之下男性就要遜色許多，每天最多只能發出七千到一萬個信號。

由此可見，除了語言本身以外，說話者所表現出來的言語習慣也具有交流的功能，言語的習慣就是一個人的個性。因此破解言語習慣的密碼，對於觀察和理解一個人具有很重要的意義。

瞬間讀懂對方的心理密碼

有的人喜歡強詞奪理，有的人喜歡囉哩囉嗦，有的人口無遮掩，有的人快人快語。從這一系列的語言習慣之中，可以很輕鬆地發現很多秘密。

強詞奪理的人顯得陰沉

把焦點放在發現別人的弱點，伺機進攻，很容易會犯了狹觀的毛病，捨本逐末，陷入偏執的死胡同而不能自拔。

在現實生活中，我們經常會碰到這樣的人：別人說東，他偏說西；別人說西，他就要說東，無論如何就是要跟別人唱反調。

這種人喜歡強詞奪理，即使明知道自己錯了，也從來不會承認錯誤，而是執意重複自己的觀點，並為此找來各種各樣的藉口。和別人辯論時，他們總是一定要得到勝利才會善罷干休。

像這樣喜歡強詞奪理的人，個性多半都比較陰沉，覺得真理是掌握在少數人手裡的，而他們自己就是那些少數人。

他們始終認為自己的觀點和做法絕對正確，只是別人的水準太低，無法理解而已。因此，為了要使自己的觀點得到認同，就一定得反對別人，即使自己的立場和觀點別人難以理解和接受，也要盡力辯駁。

喜歡強詞奪理的人，特徵是時時刻刻都企圖說服他人接受自己的觀點，誰不接受自己的觀點就反對誰。雖然一般人在自己的觀點被別人反對的時候，同樣也會感到不高興，但是，大部分人可以透過自我反省發現自己的不足。

人貴自知，喜歡強詞奪理的人卻缺少這種「自知之明」。因此這類人往往樹敵過多，人生的道路上也會遇到很多障礙。

日常生活當中，要是遇上了這種強詞奪理的人，一定要小心應對，因為他們心中常常有一股鬱悶之氣不能排解，很容易為了發洩心中的不快而動輒與人辯駁，甚至大動干戈。與這種人談話的時候最好不要發表肯定性的意見，否則會遭到他們的強烈反駁。即使是正確無誤的說法，他們也不會表示贊同，因為他們認為只有自己說的才有道理。

跟他們講理是行不通的，只能巧妙地周旋應對。與這樣的人相處，最好的方法

是含含糊糊地跟他們保持意見一致，然後把話題岔開。

這種個性陰沉的人還有另一項缺點，那就是常常以偏概全，喜歡抓住別人的缺點進行攻擊，言詞也比較尖銳。他們的反應很快，一旦抓住對方的弱點，就會馬上反擊，不會給對方留下迴旋的空間。

不過，這樣的人也有一項優點，就是分析問題很透徹，常常是一針見血，可惜的是，也因為如此，在言語上更不會為對方留下任何餘地。

由於他們經常把焦點放在發現別人的弱點，伺機進攻，所以常常會犯了狹觀的毛病，只看見自己執著的，甚至會捨本逐末，陷入偏執的死胡同而不能自拔。

瞬間讀懂對方的心理密碼

喜歡強詞奪理的人，個性顯得陰沉，不受人歡迎。

克服這種強詞奪理的習慣其實並不複雜，只要端正自己的心態，保持開朗的想法，很多問題就會迎刃而解。

總是自言自語的人通常膽小怯懦

一個人會自言自語或者說話囉嗦，原因可能有很多，但最重要的，還是因為對自己缺乏應有的自信。

自己跟自己對話，自己跟自己「交流思想」的情況其實是很常見的，只是對於一般人來說，這種對話是通常以靜思默想的形式出現，很少有人會將這些默想的內容大聲說出來。除非在例外的情況，例如醉酒的時候，但是在酒醒之後，多數人也常常會為自己的「酒後吐真言」後悔不已。

另外，或許你會發現，有些人講起話來總是不得要領，或者前言不搭後語，甚至會在不知不覺中偏離主題。通常，這樣的人很容易會為瑣事斤斤計較，往往對長輩不滿，對上司不滿，對另一半不滿，對孩子不滿……可以說在他們的心目中，幾

乎身邊所有人都有毛病。

其實，在上述這種人的內心深處，特別需要別人對他們的權威或地位予以承認和尊重，但是卻因為沒有自信心，所以常常掩飾自己真實的想法。

由於他們膽子比較小，或者是既不能接受別人的意見，但又不願反駁別人的意見，所以最後通常就只有含糊其詞，不把自己的意見明確表達出來。

這種人的顧慮通常很多，怕上司、怕同事，怕這件事情沒做好，怕那件事情做不了。他們常常自責，因此常常自言自語。有時則是因為某些慾望難以滿足，但由於天性膽怯，有話不敢明說，所以只好一個人說給自己聽了。

像這樣性格怯懦的人，如果在工作場合中受了上司或同事的氣，甚至受到批評斥責，在上司和同事的面前通常不敢公開反抗，只能忍氣吞聲。在情緒久久難以平靜的情況之下，只好用自言自語的方式加以發洩，賺取一些廉價的安慰。

雖然這樣的人個性彆扭，但大體上來說，還是能夠與他人友好相處的。

如果你正與這樣的人交往，應該主動地找出他們不願表明態度的原因，對症下藥，妥善地將問題解決。要做到這一點，就必須主動對他們表示友好，才能獲得對

方的信任。

通常，一個人會自言自語或者說話囉嗦，原因可能有很多，但最重要的，還是因為對自己缺乏應有的自信。

這些人之所以表達不清，除了缺乏必要的語言訓練，往往也因為他們內心深處另有隱情。在這種情況下，如果想與這樣的人好好相處，就要先弄清楚對方的真正想法，然後再找適當的時機誘導對方說出來，讓他們能夠明確表達出自己的意見。

瞬間讀懂對方的心理密碼

自言自語是一種心理疾病，如果你有自言自語的習慣，必須不斷培養自己的信心，只要有了信心，自言自語的說話習慣就可以慢慢改變，甚至讓你脫胎換骨，成為受人矚目的人物。

打聽隱私的人多半是因為嫉妒

對於那些熱衷於打聽和傳播別人隱私的人，我們還是敬而遠之為妙，以免無端為自己惹來了一身腥。

近年來，許多原先具有公信力的媒體，也開始吹起一股八卦歪風，對於名人的生活隱私，就如同蒼蠅遇上腐肉一樣緊追不捨。

從這種現象當中，我們可以清楚看見，絕大多數的人的確具有愛好窺探別人的天性。有些人喜歡在茶餘飯後聊聊他人的隱私，談論的話題對象，往往就是他們熟悉的人和事。

通常在這種時候與場合，會出現幾種不同類型的人：有的人不斷地散佈消息，有的人只是忠實的聽眾，有的人則在旁邊添油加醋地評論⋯⋯但無論是哪一種人，

對於飯後聊八卦常常樂此不疲。

根據一項心理研究表示，喜歡打聽和傳播別人隱私的人，多半都有著強大的嫉妒的心理。

這種人散佈他人的私生活的目的，就是要毀壞他人的形象，滿足自己「見不得人好」的心理。須知，許多有關私生活的話題常常是毫無根據的，說出來也很難證實，如果聽眾對這個人也有意見，那麼散佈消息的人就很容易達到自己的目的。

心理學家指出，這樣的人在工作場合往跟上司的處事習慣和價值觀不一致，而自己的意見又很少被採納，心裡一直有一股難平的怨氣，所以很樂意提供甚至編造上司的這類小道消息。

喜歡做這種事的人，他們往往認為上司不僅對他如此，對大多數人也是如此，所以他覺得自己有揭露上司隱私的「神聖職責」，從而用這樣的方法滿足「廣大聽眾」的心理要求。

也因為如此，這種人說話的時候往往比較尖酸刻薄，目的就是想拉攏一部分人，好擴大自己的聲勢。

但是，古人有一句話說：「說人是非者，必是是非人。」對於那些熱衷於打聽和傳播別人隱私的人，我們還是敬而遠之為妙，以免無端為自己惹來了一身腥。

瞬間讀懂對方的心理密碼

一個品行端正的人，千萬不要去打聽別人的隱私，知道他人的隱私是要敗壞自己的好心情的。

小心因為快言快語而無端惹事

俗話說：「心直口快」，反過來我們也可以說，口快的人直爽外向。

有的人說話速度比較快，就像連珠炮似的。根據心理研究表示，語速快的人不僅思維敏捷，而且個性一般都比較外向。

外向的人言語流暢，聲音抑揚頓挫，富有變化，並且能說善道，只要一想到新的問題，就會很快提出來，一邊佐以豐富的肢體語言，譬如把自己的身體靠近對方，興高采烈地描述自己的想法，不管對方是不是感興趣。

不過有的時候，他們也會因此突然打斷對方的話，眉飛色舞地述說自己的主

張，想把自己的主張強加在別人身上，讓對方感到有些不快。

雖然這樣，這種人的言語表達周到而清晰卻是無庸置疑的，能讓聽的人很輕易地理解自己的意思。即使面對初次見面的人，他們也會面帶微笑，親切地交談，讓人感覺很好親切。

這樣的人，通常就是具有這種外交家的風度。

他們往往很善於迎合對方，當對方表達自己想法的時候，他們會不斷地表示肯定，不僅會適時以「是的」來回應對方，而且還會不時地點頭，不然就是閃動著眼睛，湧出滿臉的微笑。

這種外向型的人與他人見面，只要彼此開始交流，就會很快表現出開朗的一面。特別是話說得投機的時候，話匣子一打開就無法關住，好像有說不完的話題一樣。用「一根腸子通到底」來形容這種人是比較恰當的。

在各種場合，他們都不會有矯揉造作的感覺，有時甚至用開玩笑的方式介紹自己，博得他人的歡心。

快言快語的人有時可以毫無顧忌地把自己比較可笑的事情抖落出來，在他們看

來，沒有什麼事情是值得隱瞞和忌諱的。

正因為這種人不拘小節，很少對過去的事情進行反思或後悔，因此，他們常常忘記了自己早就說過的話，有時甚至是已經做過的事也不記得了。一般人在安靜的時候往往會為自己說錯的話感到後悔，但是這對於那些心直口快的人來說，這種顧慮簡直是多餘的。

正因為如此，很多人也認為心直口快的人往往比較輕率，做事欠考慮。說話不用大腦，很容易一開口就得罪人。

一般說來，這樣的人沒有城府，想到什麼就說什麼。這些人也常常認為自己是直性子，從來不說假話，一切都是有口無心的。

但是，無論如何，都不應該以此作為藉口而信口雌黃，毫無忌諱。因為，不管在什麼地方，總有一些話是不能隨便講的，這是一般人都應該有的常識，比如當眾說出他人的隱私。

禍從口出，這是經驗之談，所有口無遮攔的人都應該好好思考這個問題。雖然這樣的人常常是很有膽識的，但如果不管什麼場合都「童言無忌」，什麼事情都大

刺刺地說出口，只會讓自己無論做什事情，都成事不足，敗事有餘。

要知道，直率與圓融其實是可以並存的，只要在與人交談時，試著細心一點，主動調整自己的話題和說話方式即可。

這種隨機應變的能力會讓你與他人交流時不會使對方感到掃興，同時也可以避免說出不應該說的話。

瞬間讀懂對方的心理密碼

說話不經思考，往往很容易得罪人而不自知。要知道，說話不是一件小事，應該要管好自己的嘴，凡事三思而後行，才能隨時化險為夷。

改善說話缺失，處世無往不利

內向與外向各有各的優缺點，最重要的就是要懂得時時修正自己缺點，如此，才可以讓自己在做任何事情時，都能更無往不利！

內向型的人平時往往就像個悶葫蘆，總是不聲不響的。與外向型的人比較之下，內向型的人顯得沉默寡言多了。

他們說起話來節奏緩慢，平鋪直敘，缺乏抑揚頓挫的起伏。與人交談的時候，一般也都比較沉默，因此顯得穩重。談到自己的事情時，往往會結結巴巴，模稜兩可，甚至讓人不知所云。

但是個性內向的人說起話來有一個明顯的特徵，那就是善於遣詞用句，字字句句都會經過一番斟酌，因此主題集中，有很強的邏輯順序，言詞之間具有很棒的說

服力。他們的用詞比較準確而規範，很少用攻擊性的詞語，所以在言語上很少強詞

奪理，就算是跟人頂嘴，也很少強人所難。

可想而知，這樣的人與人說話，一般總是以客套話開始，然後才會委婉地說出

自己的想法。就連別人提問的時候，也會用十分客套的語氣來回答問題。

少言沉默的人，一般都比較內向，在談話方面缺乏練習。外向的人說話往往是

一股腦全部說出來，而內向的人一句話卻可以在肚子裡反覆推敲很多遍，以求自己

的表達可以儘量準確。當然，也有一些內向型的人反應是比較敏捷的，常常會使用

比喻，說起話來妙語如珠。

即使是在與他人辯論時，他們往往也顯得比較有耐心，不焦不躁，很少把自己

的觀點強加於人。如果發生爭論，他們不會用很絕對的口氣說話，而是會以「我的

想法是這樣的」、「我個人認為」……等方式闡述。因此，給人的印象總是溫文爾

雅，彬彬有禮。

內向型的人一般也不會輕易地妄下結論，也不容易被說服，更不會隨便就附和

他人的意見。外向型的人則完全相反，回答他人的問題通常很迅速，並且簡明扼

瞬間讀懂對方的心理密碼

沉默寡言的人，最大的好處就是考慮問題比較深入，但是給人的印象是反應不

要，給人爽快直率的印象，但是由於他們很急躁，一旦感到不耐煩就會發脾氣，因此給人暴躁的印象。

事實上，內向與外向各有各的優缺點，不論你是屬於哪種，最重要的就是要懂得時時修正自己缺點。

內向的人可以保有自己的耐性與理性，但還要更直率一些；外向的人則保持原有的爽朗，但要注意多用腦筋思考，多多培養耐性，如此，才可以讓自己在做任何事情時，都能更無往不利！

瞬間讀懂對方的心理密碼

沉默寡言的人，最大的好處就是考慮問題比較深入，但是給人的印象是反應不快，有時候甚至讓人覺得節奏太慢。

喜歡訴苦的女性通常依賴心強

性生活是夫妻雙方共同擁有的，不管哪一方，都有配合對方的義務，也有從中獲得滿足的權利。

女性向他人訴苦，一般都被看成是缺乏主見的表現，因為向別人訴苦，背後所表達的意思，往往就代表著：「給我一點愛，好嗎？」

不管是什麼苦衷，女人通常都喜歡向男性傾訴，希望從異性那裡得到安慰和溫情。這種時候，男性的肩膀和胸懷就是她們的天然避風港。

喜歡訴苦的女性，常常會用比較執著的柔情去開啟男性的心扉，她們要在這裡獲得溫馨和安寧。這種固執往往像寒冬開放的梅花，幽幽的清香，沁人心脾；這種執著，有時也像夕陽晚霞之間翱翔天宇的雄鷹，自然而然地會融進神奇的大自然中

去。很少有男性不為這種溫情所動，因此，這種訴苦的行為，實際上可看作是女性俘虜男性的一項武器。

但是，喜歡訴苦的女性，往往也具有極強的依賴性。如果有幸遇到一個值得依靠的男人，那麼一輩子自然「風調雨順」，可以就此過著幸福的生活；但如果遇上窮困潦倒的對象，那麼一生往往會坎坷艱難，苦悶不堪。

說到訴苦抱怨，我們就不得不再從夫妻關係的角度來分析。

今日社會之中，不少丈夫只顧著賺錢，卻忽視了妻子心理，甚至是生理的需求，因而往往也引來妻子的諸多抱怨。

曾經有一位女士在接受心理諮詢的時候表示：「結婚十多年來，我們夫妻倆的性愛一直很和諧，可是自從丈夫開始經商之後，我們的性生活越來越少，而且事後總感到分外疲倦，原來的快感全部蕩然無存。」

由於女人在性愛中常常缺乏主動性，男人往往認為女人缺乏情趣，其實這是一種誤解。性生活是正常的生理和心理需要，無論是男人還是女人都會有性需求。當女人對性愛渴望時，她們更希望能擁有情趣。

女人需要性，渴求性愛，這是自然合理的，且無可非議的，不需要將之視為輕佻、淫蕩。因此，身為妻子如果出現了這方面的需求，不妨主動向另一半表達，讓對方也能夠配合。

但是，如果丈夫在外工作了一整天，身心感到十分疲倦，妻子也要主動關心體貼丈夫，如果總是站在自己的立場一味指責對方，只會為夫妻感情帶來陰影。

性生活是夫妻雙方共同擁有的，不管哪一方，都有配合對方的義務，也有從中獲得滿足的權利。

瞬間讀懂對方的心理密碼

訴苦往往是因為不滿足，無論是已婚或未婚，所有女性都應該注意選擇訴苦的對象與時機，以免造成難以挽回的錯誤。

只會訴苦，無法成就大事

經常向別人訴苦的男性給人的印象往往是懦弱的，這對一個男人來說，並不是什麼好事。

自嘲是一種幽默的表現，懂得適時自我解嘲的男性，往往是比較成熟的。

這樣的人一般都比較清醒，不容易受騙，在事業上常常是比較順利的，特別是商場中，通常都會有貴人相助。懂得自嘲的男人之所以比較成熟，是因為他們懂得「人無完人，金無足赤」的道理。

有的人一輩子說話辦事總是小心翼翼，好像是為了別人而活。

但是，一個懂得自嘲的人明白了這一點，可能有時會說一些別人不喜歡聽的話，做一些別人無法接受的事情，這是由於他們並不希望人人都說他們好，所以總

覺得無所謂，活得也比較自在逍遙。

另外，喜歡自嘲的男人通常對於愛情也比較瀟灑，不強求，但他們的愛情之路往往也比較坎坷。

需要注意的是，自嘲還是得要注意場合和時間，不能不分時間、地點，開口就是一副不正經的口吻，而是要注意分寸，以免被認定為油嘴滑舌。

有懂得自我解嘲的男人，自然也會有喜歡抱怨的男人。

心中出現苦悶時便向他人訴苦，無疑可以減輕內心的壓力，這種行為雖然在女性身上比較常見，但是喜歡訴苦的男性也不少。

男性訴苦的最佳對象自然是女性，因為女性比較善解人意，也很容易附和他人。男性在女性面前訴苦，顯得比較坦率，往往會把自己內心的秘密吐露出來。

在這種時刻，男人一般都是比較真誠的。願意放下身段訴苦的男性，通常也都還保持著一點赤子之心，願意像面對母親一樣對異性傾訴自己的委屈。

但是，並非所有訴苦的男性都可以取得女性的同情。

簡單地說，訴苦的作用是很有限的，女性的同情也是很有限的。女性在傾聽男

性訴苦的時候，自己也承受著不小的壓力。所以一般說來，女性並不是很喜歡男人不時在她們面前訴苦。

再者，經常向別人訴苦的男性給人的印象往往也是懦弱的，這對一個男人來說，並不是什麼好事。

根據調查，喜歡訴苦的男性一般感情都比較豐富，外表長得比較斯文，也都有一技之長，而且虛榮心比較強。但由於這種人不善於交際，喜歡獨來獨往，因此一般很難成大事。

瞬間讀懂對方的心理密碼

每個人都有苦衷，偶爾向別人傾訴也是無可厚非的，但是如果過度了，就會讓人敬而遠之。說到底，每個人，特別是男人，還是應該具備一定承受壓力的能力才行。

開場白太長的人多半心理受到壓抑

潛意識裡的心理壓抑讓許多人在與人交往時，常常要用很長的開場白來表達自己的意思。實際上，這就是一種小心翼翼的表現。

作家伊爾曾經說：「知道什麼氣候穿什麼衣服，是每個人必備的生存潛智慧。」

的確，在這個不懂得人情世故就會吃悶虧的人性叢林中，如果想出人頭地，首先必須懂得觀察別人臉上的「氣候」，當別人臉上冷若冰霜的時候，千萬別再說一些雪上加霜的話，當別人一臉怒氣的時候，千萬別再說一些火上加油的話。

開場白是一種很特殊的說話藝術。

人們在公開場合講話的時候，總是需要先來一段開場白。一段恰如其分的開場白，可以拉近與聽眾之間的距離，有利於交流。

但是，有的人開場白往往很長，結果使得聽眾不得要領，這樣的開場白根本是白白浪費了聽眾的時間，使人反感。

但你是否曾經想過，為什麼有些人在進入正題之前，總是習慣客套一番，加上一段可有可無的開場呢？

心理學家認為，開場白太長的人在心理上或多或少有一些不足之處，據分析可能是由於以下兩種原因。

首先，可能是說話者想給對方足夠的體貼，所以把話說得比較仔細。尤其，如果對方是一個十分敏感的人，直接說出自己想說的話，很可能就會傷害到對方，因此才故意拐彎抹角，刻意拉長自己開場白。

其次，有的人認為，開場白過於簡短，可能會使對方覺得不舒服，給人太過突然的感覺，怕造成不必要的誤會，因此也會刻意拉長開場白。

一個人在成長過程中，難免會步入與父母長輩發生矛盾衝突的叛逆期，特別是在青少年的時候。在這個階段，他們認為父母就是權威，因此產生了一種心理壓抑感。

這種壓抑到了成年時期雖然已經不大明顯，但在潛意識裡還是會長期地保存著，因而他們與人交往，常常要用很長的開場白來表達自己的意思。實際上，這就是一種小心翼翼的表現。

瞬間讀懂對方的心理密碼

為了讓對方比較容易瞭解情況，必要的開場白是必不可少的。但應該明白，開場白太長往往會使聽眾產生反感情緒，反而適得其反。

4.
從言語動作
瞭解人的內心世界

人在說謊話時，

會引起面部和頸部組織的刺痛感，

因而會透過揉或者抓來緩解。

只要向他提出「請再說一遍，好嗎？」

之類的問題就可以使他洩底。

從言語動作瞭解人的內心世界

人在說謊話時，會引起面部和頸部組織的刺痛感，因而會透過揉或者抓來緩解。只要向他提出「請再說一遍，好嗎？」之類的問題就可以使他洩底。

動作不僅僅可以幫助說話，最主要的是能夠表現一個人的真實心境。有許多觀察研究都顯示，幾乎沒有人說話時是全無表情動作的。

一個人說話時所伴隨的動作可以表現在手上、腳上和身體的其他部位。

手位於身體的易於觀察部位，所以在交談過程中多留心對方手的活動，對你辨別對方言語的真偽是至關重要的。

如果一個人與你說話時故意迴避你的目光，代表他很可能對你隱瞞了什麼。

一個採取防衛對抗姿態又面帶微笑的人，則可能是想以假笑來麻痺你，同時又盤算著

如何拆你的台。就像莎士比亞在《哈姆雷特》中所說的：「一個人表面上笑瞇瞇，

其實心懷叵測。」

根據行爲心理學家戴斯蒙・莫里斯的觀察發現，人在說謊話時，會引起面部和

頸部組織的刺痛感，因而會透過揉或者抓來緩解。

比如，說謊的人要是感到對方懷疑自己，脖子會冒汗；一個人在憤怒或沮喪時

會拉一拉衣領，好讓脖子透透氣……等。

因此，如果你看到對方使用這種姿勢，只要向他提出「請再說一遍，好嗎？」

或「請你再說明白一點，好嗎？」之類的問題就可以使他洩底。

但是，並非談話中出現了上述動作就表示對方撒謊，有時候人們摸鼻子只是因

爲這個部位眞的發癢。

當然這是可以透過仔細觀察判別的，因爲發癢才摸鼻子與表示否定的這種姿勢

之間，仍然有明顯的差別。

人們在搔癢時一般比較用力，裝腔作勢時卻是輕輕地，動作優雅，並且伴隨著

協調的姿態，譬如將身體綣縮在椅子上，或身體搖來晃去等。

前面提到，一個表面上笑瞇瞇的人，可能是想麻痺你。須知，笑是一種手段，可以增進友誼，化解仇恨。可是，要是皮笑肉不笑，或是明顯地笑裡藏刀，那就是標準的笑面虎了！

另外，從打電話的不同姿態中，也可以瞭解某些人的個性特點。

如果說此人講電話時總是舒舒服服地坐著或躺著，一副泰然自若的模樣，那麼他們的生活多半沉穩鎮定，性格也是屬於泰山壓頂面不改色的鎮靜型人物。

習慣於用手中的筆去撥電話號碼的人，個性則是比較急躁，經常處於緊張狀態，而且不讓自己有片刻的空閒。

通電話時從不喜歡坐立在同一位置，喜歡在室內走動的人，通常好奇心極重，喜歡新鮮事物，討厭刻板的工作。

喜歡把聽筒夾在手和肩之間的人則往往生性謹慎，對任何事情都必須先考慮周詳才做出決定，處處小心，極少犯錯。

有些人通電話的同時，常常喜歡做一些瑣碎的工作，比如整理文具等。這類人通常富有進取心，珍惜時間，分秒必爭。

如果說，一個人打電話時不停地玩弄電話線，則多半屬於生性豁達、玩世不恭型的性格，往往天塌下來當被蓋，非常樂天知命。

再者，一邊通話，一邊在紙上信手亂畫的人，則大多具有藝術才能和氣質，富於幻想，他們獨具的樂觀個性使他們經常能度過困境。

通話時緊握聽筒的下端的人，性格則是外圓內方，表面看似怯懦溫馴，其實個性堅毅，無論對事對人，一旦下定決心，就永遠不會改變。

瞬間讀懂對方的心理密碼

言語動作會暴露一個人心裡面亟欲隱藏的秘密，如果能用心觀察，那麼在與人往來時將會有莫大的助益。

說話手舞足蹈的人善於交流

一般來說，個性外向的人很能放鬆心情，當然也很能使人感到輕鬆愉快，因此能獲得融洽的人際關係。

對於那些講話時手舞足蹈的人來說，跟人交談是一大快事，因此即使是與初次見面的人交流，他們也毫無拘束，沒有一點怕生的感覺，甚至會以開放而親密的態度去迎接對方。

這種人即使在與人打招呼的時候也會十分用心的注視對方，讓人充分感覺到一股熱烈的氣氛，這種人的個性通常也比較外向。

這類個性外向的人講究禮節，寒暄得體，言語能夠安撫人。當被作為第三者介紹時，他們就像見到老朋友一樣，緊緊配合著對方的各種行為，表現出足夠的熱情。

如果對方的地位比較高，他們會表現得很謙卑，甚至會十分坦誠地表達出自己的尊敬之情。如果那些地位較高的人對他們加以讚許，就會表現出喜不自勝的樣子，甚至還會顯得不好意思而低下頭來。

當他們的意見得到別人認同的時候會喜形於色，充滿了感激之情。一旦感到心安理得、精神放鬆的時候，他們就會變得勁頭十足，充滿活力。

個性外向的人一般不喜歡生硬的談話，他們具有高超的說話技巧，因此能夠用比較生動的方式來談論很嚴肅的事情。

由此可見，講話時手舞足蹈的人，通常也具有極強的適應性。

由於他們喜歡與人交流，所以當他們獨處的時候會感到很無聊，覺得悶得發慌，因而很希望與人交談。

這種人的缺點是總喜歡高高在上，發號施令，有事沒事都想插上一腳。有時候他們甚至會進入自我陶醉的境界，得意忘形，甚至大言不慚。

在社交場合，這些個性外向的人往往也會出現翹二郎腿，雙手插腰，朗聲大笑，給人手舞足蹈的感覺。

一般來說，這種個性外向的人很能放鬆心情，當然也很能使人感到輕鬆愉快，因此能獲得融洽的人際關係。這種人對於建立與他人的關係充滿了自信，認為跟人交往是一件輕而易舉的事情。

由於有了這樣的信心，他們非常喜歡與他人交往，因此人際交往的能力不斷增強，跟別人交流起來如魚得水。常常會毫無忌諱地講述自己的得意之處，也會自然而然地說出自己可笑的逸聞趣事。

瞬間讀懂對方的心理密碼

習慣手舞足蹈的人不像內向型的人那樣總想與人保持一定的距離，而是始終認為人與人之間應該親密無間，因此他們常常與人近距離地交流，給人一種很容易親近的印象。

從手勢發現事實

判斷一個人是不是誠實，比較有效的方法是觀察他講話時的手掌活動。如果說的是真話，就會不由自主地伸出張開的雙手。

在通常情況下，張開手掌象徵著坦率、真摯和誠懇，摸鼻子則是一種比較世故、隱匿的姿勢。例如，發誓的時候，人們常常將手掌張開放在自己的胸前，以表示自己的真誠；在法庭上，辯護人為了表現自己的誠懇，也常常張開雙手，以贏得法官的信任。

在訴說冤情的時候，人們也常常伸出張開的雙手，並在胸前上下抖動，以此來表現自己所說的話的真實性。當然，這一般都不是刻意訓練出來的，而是一種真情的顯露。很多事實都可以證明張開的雙手與坦率、真摯、誠懇有很大的關係。

行為心理學家告訴我們，判斷一個人是不是誠實，比較有效的方法是觀察他講話時的手掌活動。如果說的是真話，就會不由自主地伸出張開的雙手，這是一種無意識的動作，與說實話有很大的關係。

很多觀察資料還顯示，孩子對父母說謊時，常常會把手藏在背後；成人在說謊時，常常將手插在衣袋裡，或擺出雙手交叉的樣子。面對這種情況，有心人一眼就會看出其中的秘密，發現一般人看不見的東西。

如果要證明一個人是不是坦誠，可以請他隨意伸出雙手：如果對方伸出的手是鬆散的，拇指與食指分開很大，那麼，這個人就是一個誠實的人。反之，如果這個人伸出的是緊握的拳頭，這個人可能不那麼誠實了。

另外，前面提過的觸摸鼻子，其做法可能是手指輕輕地來回摩擦著鼻子，也可能是很快地觸摸。女性在做這種動作時，常常是輕柔、謹慎的，就像擔心臉上的化裝被弄糟了一樣。

古人曾流傳下來這樣一句話：「鼻子直通大腦。」認為鼻子是一種傳達信號的工具。據說，說謊時鼻子的神經末梢會被刺痛，摩擦鼻子是為了緩解這種感覺。另

一種比較可信的說法認為：當不好的想法進入大腦之後，下意識就指示人們用手遮著嘴，但到了最後關頭，又怕表現得太明顯，因此，就很快地在鼻子上摸一下。

總之，說話時有這種姿勢的人，是很值得懷疑的。說話的時候，如果下意識地摸鼻子，那麼可能正在有意識地掩蓋什麼東西。

研究發現，說話的時候用手摩擦眼睛，也是撒謊的一種表徵。

這種姿勢表示大腦想遮住眼睛所看到的欺騙、懷疑的事物；或者是在說謊時，避免正視對方的臉。

瞬間讀懂對方的心理密碼

如果是明顯的撒謊，男人常常會把眼睛往別處看，通常是看地板。女人則是在眼下方輕輕地揉，為了避免對方的注視，她們常會看著天花板。

觀察手，能知道謊言是否說出口

遮掩嘴巴，是想隱藏其內心活動的特有姿勢，許多人也會用假咳嗽來掩飾。如果說話的人採用這種姿勢，就表示他在說謊。

常用手搔脖子的人最常說「我不能肯定」之類的話，證明他對自己講的話缺乏足夠的勇氣；做事的時候，他們用手搔脖子，表明他們對這件事缺乏信心。

有人在股票市場觀察過這樣一個女性投資客，在做出決定前的一分鐘，這名女性一直不停地用手搔脖子。

這足以證明在下決心之前，她的內心掙扎是多麼的激烈。

搔脖子是代表對某件事有所遲疑，至於不由自主地用手把嘴搗住，則是企圖阻止謊言出口。當孩子不願意聽別人教訓時，常常會用手把耳朵搗住，不讓這些自己

不想聽的話進入自己的耳朵裡。

其實不僅僅孩子這樣，有不少成年人也是這樣。

心理學家認爲，遮掩嘴巴，是想隱藏內心活動的特有姿勢，許多人也會用假咳嗽來掩飾。如果說話的人採用這種姿勢，就表示他在說謊。

演說者最感到心亂的一種場面，就是在他演講時，聽眾幾乎都採用這種姿勢。若是聽眾人數很少或是一對一的情況，最好暫停一下，問一問聽眾是否有人對你的話有意見。這樣可以把聽眾的反對態度緩解開來，使你有機會斟酌演講內容，並且回答一些問題。

這樣的情況也經常發生，一個人向另一個人嘮嘮叨叨解釋一件事，而聽的人對此很不以爲然，於是扭轉身去，或用手摀住耳朵，或用手揉眼睛，或用手蒙住嘴。

不過，根據觀察，隨著一個人的年齡的增長，這種摀住耳朵、揉眼睛和蒙住嘴巴的動作會變得更加微妙、斯文和隱蔽。

這些動作，實際上是大腦企圖阻止「醜事」進入眼簾而做出的一種無意識表示。當人們看到不順眼的事物的時候，就會揉揉眼睛，也表示對這種事物的厭惡。

有時，一個人說謊的時候經常揉揉眼睛，有時也會低下頭，避開對方的眼睛。

透過觀察孩子，這種說法還會得到進一步的印證。

瞬間讀懂對方的心理密碼

一樣。

用手遮擋嘴巴，拇指壓著面頰，在無意識中，大腦暗示手做這樣的姿勢以壓制謊言從口而出。有時只是幾隻手指，有時整個拳頭遮住嘴巴，但流露的意思都

從行為看透一個人

行為是心理的展現，除非經過專門訓練，否則人的行為時時刻刻都能夠反映出一個人的真實個性。

從一個人的言行舉止，飲食習慣等可以看出他的個性特徵，甚至推斷出他的前途命運。根據觀察資料顯示，將眼鏡腳架靠近嘴邊或放進嘴裡的行為，主要是為了消除某種顧慮，或對某種問題進行思考，或藉故拖延時間。至於那些不戴眼鏡的人，他們也會用鋼筆、手指、香煙等東西代替。

人在戀愛、社交、穿著、消費、開車甚至穿鞋子等等行為當中，都可能透露出許多重要的資訊。

我們發現，正在觀賞球賽時，一旦比賽氣氛非常緊張，人們的手掌會微微地滲

出汗水，這種現象是自律神經的作用，表現了一個人的精神緊張程度。這種反應是理智無法掩飾的。

行為是心理的展現，這一點還可以從手的表現上看出來。從「握手」、「易如反掌」、「袖手旁觀」等字句探討，可以發現，手是表現人際關係最有力的情感傳達方式，利用手與手的關係，或是手的動作，便能夠解讀出對方的心理，並且還可以不費事地將自己的意思傳達給對方。

此外，手腕的表現往往也具有某種含義。具有代表性的動作是「兩手抱胸」的姿勢，如此交叉的手腕比起平常自然下垂、擺動的手腕更顯得粗大。這些都可以透露出人們的心理活動。

另外，心理學家認為，從一個人的讀書種類，也可以看出一個人的個性，主要可以分為以下幾類：

• 喜歡讀愛情小說：是感情型的人，極端依賴直覺、生性樂觀，通常能很快地從失望中恢復。

• 喜歡讀科幻小說：是富有創造性的人，對科技感到迷惑，喜歡計劃未來。

- 喜歡讀時裝書籍：是注意自己身分的人，盡力改善自己在別人眼中的形象。
- 喜歡讀歷史書刊：是很有創造力的人，不喜歡胡扯、閒談，寧願花時間做有建設性的工作，也不願意參加社交活動。
- 喜歡讀自傳：是好奇心重的人，比較謹慎、野心大，在做出決定前一定會先研究各種選擇的利弊及可行性。
- 喜歡看漫畫書：愛好玩樂、個性無拘無束，不會把生命看得太沉重。

瞬間讀懂對方的心理密碼

言語可以真實地回憶過去，也可以信口雌黃，顛倒黑白，但行為就往往很難達到如此「境地」。粗魯的學文雅，難免「東施效顰」、「邯鄲學步」；高雅的人想粗俗，免不了暴露「廬山真面目」。除非經過專門訓練，否則人的行為時時刻刻都能夠反映出一個人的真實個性。

從眼神瞭解對方態度

在談話中，如果發現閉眼的姿勢，那就表示對方態度不好，如果能夠讓對方的眼神始終跟著自己轉，那就說明已經征服了對方。

詩人作家愛默生曾經這麼說：「人只有在獨處時最誠實，在他人面前，都是虛偽粉飾的。」

確實如此，在這個強調包裝、行銷的年代，每個人的臉上經常戴著虛假的面具，做出矯飾的舉動，有的人為了達到目的，甚至以亮麗的外表、動人的言詞矇騙別人的耳目。

想要一眼看穿對方的心理密碼，想要瞬間洞燭對方的心裡究竟想什麼，其實並不困難，重點就在於是否掌握察言觀色的看人法則。只要懂得如何看人，就不會被

表面的言行舉止迷惑，一眼看穿對方的底細。

最令人討厭的眼神恐怕是說話時使用閉眼的姿勢了。

研究表明，在正常交談的時候，一般是每分鐘眨眼六到八次，如果每次閉眼的時間持續到一秒鐘或更長的時間，有可能是說話者想暫時將談話的對象排除在視線之外。這姿勢最後的結果，就是閉上眼睛睡覺。

如果某人覺得比對方優越，就會做出這種閉眼的姿勢，有時還會傾斜地仰著頭看對方，語言行為學家把這種姿勢解釋為「看著自己鼻子」的眼神。

在談話中，如果發現閉眼的姿勢，那就表示對方態度不好，如果希望進一步有效的溝通，最好改變一下交談的方式。

最好的方式是控制住對方的眼神，如果能夠讓對方的眼神始終跟著自己轉，那就說明已經征服了對方。

閉著眼睛說話會令人感覺到傲慢，這不僅僅是禮貌問題，有時還會使人產生誤解，壞了大事。在有些人身上，這種姿勢會不自覺地出現，目的可能是企圖把對方

擋在視線之外，原因可能是感到厭煩，或不感興趣，或是認為自己比對方優越等。

還有的人說話的時候有這樣一種習慣，就是「顧左右而言他」。

這樣的人心裡常想著其他的事情，或者對對方不夠尊重，或者是缺乏誠意等。

如果發現他們並沒有別的意思，那麼可以判斷這樣的人可能就是一個內向型的思維者，很重視自己的內心世界，感情很豐富，因此常常放任自己的思想感情四處遊走。

瞬間讀懂對方的心理密碼

不看著你的眼睛說話或總是顧左右而言他的人，要不是世外高人，有自己獨到見解，就是自以為是的害群之馬。

話說太多，難有好生活

本來與人聊天是一件很平常的事，但是女人過分喜愛與人聊天，卻會讓人很不舒服。這種「聊天」，被心理學家們稱為閒聊。

會說話是一件好事情，人們也常常能因此取得成功。但是，會說話的人往往不懂得學會「不說話」，所謂「大辯若訥」就是這個道理。

健談的男性一般都比較有知識，他們的腦子裡裝滿了各種各樣的東西，不把這些東西說給其他人聽，他們就會感到不舒服。

這樣的人精力比較旺盛，對新鮮事物很感興趣。

可是，研究發現，這樣的男性沒有弄清楚交談的作用。要知道，交談不是演講，也不是口才表演，不能只顧自己不顧別人，要讓別人有說話的機會，不能總是

叫別人當聽眾。

也就是說，善於交談的人必須要學會傾聽，學會回答，不斷支持向你發表意見的人，只有這樣，才能達到交談的目的。

通常，健談的男人也具有比較強的攻擊性，只要看到異性，就想用自己廣博的知識博取對方的好感。

這些人其實是產生了錯覺，他們忘記了在生活當中，男性與女性之間更多的話題是生活和愛情。

毫無疑問，這樣的話題才有利於溝通，才不會讓對方望而生畏。面對滔滔不絕的男性，女人一般也會認為他們喜歡賣弄，不懂生活情趣。

無數事實證明，唯有無知的女性才會相信這樣的男人，具有鑑別力的女性則會對男性的自以為是感到不滿。

健談的人社交能力很強，交往範圍也比較廣闊，通常也有很強的進取精神。但是，他們大都名利心太重，常常因此四處奔波，吃力而不討好。如果可以明白這一點，並且設法改善，一般都會取得不錯的成就。

另一方面，喜歡閒聊的女性做事情則往往婆婆媽媽，滿身俗氣，這樣的人可能能夠管理一個家，但是個人情趣就不怎麼樣了。

要知道，過分的閒聊就是無聊，就是白白地浪費時間。

本來與人聊天是一件很平常的事，但是女人過分喜愛與人聊天，卻會讓人很不舒服。這種「聊天」，被心理學家們稱為閒聊。

聊天也是一門藝術，不是隨便說說話就行的。

好的聊天方式，必須要營造良好的氣氛，讓參與聊天的人都感到舒心。這種聊天不是靠知識豐富，而是要求雙方盡情交流，各自都可以充分地發表意見。

但是，有些喜歡閒聊的人常常是張三鼻子長，李四眉毛短，沒有一個話題是別人喜歡的。這種人往往給人窮極無聊的印象，有時候還會將自己的意見強加於人，強迫別人遷就自己。

這樣的女性常常是見人說人話，見鬼說鬼話，遇到醫生就說開刀動手術，遇到商人就談做生意，與官員談政治，與軍人說軍事，既缺乏專業性又缺乏趣味性，結果往往言不及義，貽笑大方。不僅浪費了時間，而且還暴露了自己的無知。

但是，這種女人往往自己不會有這種感覺，反而還會沾沾自喜，認為不管什麼

場合都有自己發揮的空間。

由於喜歡閒聊的女人，往往也喜歡搬弄是非，所以她們一輩子都不會有很好的

發展，就算當個小職員都很容易受到眾人排擠。

瞬間讀懂對方的心理密碼

健談的人應該注意學會克制自己，不要自鳴得意。如果沒有意識到這一點，就

是失敗的開始。

懂得甜言蜜語，做事會很順利

社會心理學研究證明，女性需要保護，男性需要安慰。女性的安慰可以化解男性心中的壓力，可以調節男性心理上的矛盾。

如果一個男人喜歡說些甜言蜜語，一般都會被當成是虛偽或拍馬屁。如果一個女人會說甜言蜜語，卻會令人心曠神怡。

有人說，甜嘴的女人就像甘甜的水果，讓人品嚐後覺得血脈通暢，神清氣爽。

這是為什麼呢？因為女性最靈活的東西不是手和腳，而是舌頭。

女人可以憑著三寸不爛之舌，辦到許多男人必須花費大把力氣才能做到的事情。女性公關人員比男性公關人員多，而且表現傑出，最主要的原因之一，就是因為女人說話往往比男人中聽。

女性在體力、勇氣等方面或許不如男性，但在語言方面的天賦卻遠勝過男性許多，這可以說是造物者的一項巧妙平衡。生理學的研究早已證明，女性在語言方面比男性更具有天分。

甜言蜜語是女性溫柔的表現，懂得說好話的女人，在生活和工作上往往也很順利。可以說，女性的溫柔，就是她們成功的重要籌碼。

女性征服別人的方式不少，甜言蜜語就是其中之一。當然這主要是用來對付男性的，在女性之間往往行不通。

許多事實都證明了，女性之間最喜歡用言語互相攻擊，而對男性則喜歡使用甜言蜜語，並且男性也確實喜歡女性的甜言蜜語。

這主要是因為男性在社會上承受的壓力太大，他們需要女性的甜言蜜語來加以調節，這些的話語可以讓男性的心靈得到撫慰。

社會心理學研究證明，女性需要保護，男性需要安慰。女性的安慰可以化解男性心中的壓力，可以調節男性心理上的矛盾。

女性的溫言軟語就像春風化雨「隨風潛入夜，潤物細無聲」，在不知不覺中，

男性就成了女性的俘虜了。

無數事實證明，懂得甜言蜜語的女性常常會得到上司的青睞，在前進道路上一般都比較順利。這樣的女性往往也會成為賢妻良母，生活更是順心。

瞬間讀懂對方的心理密碼

會說甜言蜜語的女性多半是討人喜歡的。但要注意，必須儘量避免對同性甜言蜜語，因為那往往會適得其反。再者，甜言蜜語也必須有分寸，「過猶不及」的道理值得借鑑。

5.

從交際方式洞察事業命運

追求權力不得自然會痛苦,

得到了權力之後害怕丟失,同樣使人痛苦。

得到了高位,「高處不勝寒」,

孤獨自不必多言。

抓住最合適的空間距離

陌生人之間總是保留一定的空間距離，不同的國家有不同的距離，不同的人種有不同的習慣，不需強求，也不可嫌棄。

在社交場合，人們常會發現這樣的現象：一個日本人與一個英國人在大廳裡交談，談話過程中，只見英國人不斷地往後退，日本人卻不斷地往前走，到了最後，日本人形容在圍著英國人轉圈子。為什麼會發生這樣的情況呢？

英國人的後退，是為了自己的個人空間不受侵犯，日本人的往前走，則是為了調整他自己的個人空間。換句話說，英國人需要的個人空間比較大，日本人的個人空間相對較小。因此，英國人不斷試圖拉開彼此之間的距離，日本人卻在不斷地縮小兩人之間的距離。

不同文化背景對空間的要求是不相同的，行為語言學家研究發現，日文沒有

「獨處」這個詞。不能說日本人沒有獨處概念，但他們的理解卻與英國人不同。

日本人認為，獨處存在於自己的家中，他們把這一片地方當作是自己的領地，

不容許其他人任意侵入。但在公共場所，卻會不斷地往他人的面前靠，足以證明他

們的空間概念與西方人明顯不同。

和日本人一樣，阿拉伯人也喜歡與人靠得近一些，即便擁有相當寬廣的個人空

間，阿拉伯民族仍喜歡全家人擠在一起，不喜歡獨處。

阿拉伯人的空間距離小，日本人的空間距離也小，但他們之間仍存在明顯區

別。阿拉伯人喜歡親近自己的夥伴，感受對方的體溫和氣味，在阿拉伯人眼裡，嫌

棄他人身上的氣味是非常無禮的行為。

日本人也喜歡親近他人，但他們的親近仍保持著一種禮節，態度一般較客氣、

冷淡，不輕易超過界限。

在公共場所，美國人有許多界限，即使像排隊購物這樣的事情，他們也認為自

己所處的位置神聖不可侵犯。但在阿拉伯人的認知裡，公共場所根本沒有所謂的個

人空間存在。即便其他人已經排好了隊，阿拉伯人還是會毫無顧忌地往裡擠，他們

認為自己有權利這麼做，不認同那是必須被禁止的錯誤行為。

中國人的個體距離只有西方人的一半，只需隔著一張書桌，就可以各人做各人

的事情，不感到拘束。由於人體距離比較近，所以許多中國人認為並不隱秘的事

情，看在美國人眼中，卻認為是個人隱私，不容窺探。中國人多認為西方人不夠友

好，顯得疏遠，就是因為這個原因。

陌生人之間總該保留一定的空間距離，不同的國家有不同的距離，不同的人種

有不同的習慣，不需強求，也不可嫌棄。

瞬間讀懂對方的心理密碼

每個人都有個人的心理空間，會習慣性地把自己圈定在這個空間氣場裡。一般

情況下，這個空間不能讓他人隨便侵犯。

善用印象，達到加分影響

在社交過程中，害人之心不可有，防人之心更不可無。要告誡自己具備一定的設防意識，即建立「設防心理」。

在日常生活中，我們每天都需要與人進行交流。掌握一定的交際心理方法，將可望從眾生中脫穎而出，成為受到注目的焦點人物。

以下幾點，值得注意：

● 首因效應

首因效應是交際心理中較重要的名詞，在人際交往中對人的影響較大。人與人第一次交往中留下的印象，在對方的腦海中佔據主導地位，這種效應就為首因效應。

我們常說的「給人留下好印象」，一般所指就是第一印象，與首因效應相關。

因此，在交友、求職等社交活動中，可以利用這種效應，在他人心中留下極好的第一印象，為以後的交流打下基礎。

• 近因效應

近因效應與首因效應相反，是最後一次見面給人留下的印象，這個印象在對方的腦海中也會停留很長時間。對於多年不見的朋友，印象最深的，必定是臨別時的情景，這就是近因效應。一個朋友總是惹你生氣，可是談起原因，大概只能說上兩三條，也是近因效應的表現。

利用近因效應，在與朋友分別時，給予真誠的祝福，將能有效美化自己的形象，進一步產生「光環效應」。

• 光環效應

一旦對某個人有好感後，就會很難感覺到他的缺點存在，好似有光環圍繞著他，這種心理就是光環效應，所謂「情人眼裡出西施」，正是同樣的道理。

光環效應有一定的負面影響，在這種心理作用下，你很難分辨出好與壞、真與偽，容易被人利用。

所以，在社交過程中，害人之心不可有，防人之心更不可無。要告誡自己具備一定的設防意識，即建立「設防心理」。

● 設防心理

兩個人獨處的時候，不時地會有些防範心理，人多的時候，你會感到沒有自己的空間，不確定自己的物品是否安在，就是「設防心理」。

瞬間讀懂對方的心理密碼

設防心理在交往過程中會產生一定的負面作用，阻礙正常的交流，因此必須加以控制，不可過分。

小心嫉妒的殺傷力

與容易嫉妒的人相處，應該實事求是，是什麼就說什麼，最好以兩點論，既指出光明的前途，又提醒曲折的道路。

這裡所說的嫉妒心，與我們平常所說的嫉妒心不同，是對不公平待遇的不滿，爭強好勝的心態。

嫉妒心是一種不好的心態，但是有的人不是嫉妒他人的才能，而是嫉妒他人「成功」，覺得他人的功勞和才能明明都不如自己，地位卻在自己之上，感到強烈不滿，因此產生出嫉妒心。

一般來說，這樣的人個性比較開朗，行為光明磊落，志向比較高遠，很有開拓精神，凡事都想出人頭地。他們有很大的決心和很敏銳的洞察力，從來不會輕意地

說出「失敗」兩個字，容易成為成功者。

但是，他們往往好大喜功，急於求成。特別是當取得成功以後，往往需要馬上得到報酬，否則就會牢騷滿腹，到處攻擊那些功勞沒有自己大，所得報酬卻比自己多的人，最後導致身敗名裂。

與容易嫉妒的人相處，應該實事求是，是什麼就說什麼，最好以兩點論，既指出光明的前途，又提醒曲折的道路。如此，有助於獲得他們的信任。

瞬間讀懂對方的心理密碼

嫉妒，可以是一種驅動自己向上的力量，但如果過分氾濫，將會產生嚴重不良影響，危及個人心理健康與人際關係，不可不慎。

從交際方式洞察事業命運

追求權力不得自然會痛苦，得到了權力之後害怕丟失，同樣使人痛苦。得到了高位，「高處不勝寒」，孤獨自不必多言。

有的人交遊很廣泛，待人熱情，出手大方，因而有很多朋友，不少人對他們比較信任，並且常常有好感。這種人善於揣度別人的心思而投其所好，擅長跟各種不同個性者打交道，可謂八面玲瓏。

這樣的人做公關工作是再恰當不過的。當然，由於交遊廣闊，各種各樣的人裡面難免魚龍混雜，再加上他們行事較不重原則性，所以常常做出一些身不由己的事情來。代人受過、包庇罪犯者，往往就是這類人。

從心理學的角度來說，每個男人都不喜歡被人統治，而喜歡統治別人。但是很

多男人不得不忍氣吞聲，老老實實地接受別人的統治。有強烈統治慾的男人，最突

出的表現就是極強的好勝心。在他們的內心深處，認為受別人指揮實在太痛苦，只

有在別人面前比手劃腳，內心才會感到一絲優越、滿足。

這樣的男人，往往很難得到女性的真正愛情，所以常常以奴役女性當作自己的

樂趣。在他們的心目中，佔有金錢和權力是實實在在的，愛情這樣的字眼，不過是

欺騙小孩子的把戲，在人生戰場上，根本沒有溫情脈脈的愛情可言。

這樣的人可能手下有不少打手，但是內心仍無比孤獨、痛苦。追求權力不得自

然會痛苦，得到了權力之後害怕丟失，同樣使人痛苦。得到了高位，一個人高高在

上，「高處不勝寒」，孤獨自不必多言，內心永遠得不到安寧。

瞬間讀懂對方的心理密碼

有統治慾的男人往往會為了達到統治別人的目的，不惜一切代價，用盡各種各

樣的辦法，但往往正是這樣的人，才有辦法不斷高升，飛黃騰達。

過度重視虛名，無助於培養自信

> 重視虛名的人無疑很令人討厭，可是他們可能具備相當好的背景，所以仍有不少人甘願吹捧他們。

有的男人很看重名譽和地位，但不是透過自己的努力去獲得，只追求外在聲望。用「有名無實」來評價這樣的人，相當合適。

毋庸諱言，鮮花、美酒、掌聲和歡呼，是每個人都希望得到的，但是看重虛名的人對這些看得太重，把它們當成了自己生存的目標和唯一希望。

他們的生存是為了別人的歡呼，對自己缺乏應有的信心，必須藉別人的眼光以證明自己的存在。如果有一天沒有了這樣的場面，他們就會感到很不舒服，心中產生一股莫名的憤怒和空虛。

這種人其實是在自欺欺人，所作所為完全是盲人摸象，經常以偏概全，把一點點微不足道的東西說成是了不起的大事。這種人的心理防線是用傲慢構築起來的，需要的除了奉承，還是奉承。誰要是不奉承他們，就是他們的敵人。

這種人其實相當愚蠢。當然，正因為生活中有這樣的人，才產生出一個又一個的馬屁精，這一點值得人們注意。

由於喜歡自吹自擂，生怕人家不知道，重視虛名的人無疑很令人討厭。可是他們可能具備相當好的背景，所以仍有不少人甘願吹捧他們，當然，這類吹捧全屬於口是心非，沒有半點真心誠意在內。

瞬間讀懂對方的心理密碼

在女性的眼中看來，這種男人相當不成熟，只要聽見別人一句誇獎的話，就輕飄飄地像是要飛上天去，最缺乏的就是自知之明。

陳腐固執，不是好事

有的人接到他人遞過來的名片，常常會一邊看，一邊注意對方的眼睛。這種人的警惕性很強，觀察力相當敏銳。

有的人喜歡把自己侷限在很小的圈子裡，與其他人只有工作上的交往，很少有私交。他們辦事的時候，先要分出公事還是私事，只有屬於公事，才採取行動，如果屬於私事，他們就不會參與其中。

這種人對他人的態度很冷淡，沉默寡言，別人很難讓他開心。與這樣的人建立良好的關係需要花很大的力氣，很難給人信任安全感。事實上，這種人不是沒有情感，而是他們的表達比較遲鈍，不會揣測對方的心理需求。

這種人對生活很隨便，給人一種懶懶散散的印象。對一般人在意的事情可以一

點也不在意，如煙蒂從煙缸裡掉到地上，一般人都會撿起來，他們卻視若無睹；超

過了規定的時間，普通人都會著急，心裡感到抱歉，他們卻若無其事，好像與自己

沒有關係似的。除此以外，他們常常會忘記自己與他人的承諾或約定，經常反悔。

從外表來看，他們工作起來好像很賣命，其實效率非常低，缺乏開拓的能力和勇

氣，最終很難達到什麼成就。

　　對這種人，如果人品還過得去，可以叫他們辦一些力所能及的事情。如果人品

很差，那麼最好不要輕意任用、親近，以免造成不必要的損失與困擾。

　　此外，有的人接到他人遞過來的名片，常常會一邊看，一邊注意對方的眼睛。

這種人的警惕性很強，觀察力相當敏銳，屬於「無事不登三寶殿」者。

　　他們很喜歡表態，常常會明確的說「是」或「不是」。只要覺得有賺頭，馬上

就會回答「是」，如果覺得無利可圖，就會馬上說「不」。即使對方不斷勸說，也

不會輕意改變主意。

　　這種人有很強的實踐力，想好了就會立即付諸行動，是標準的自我中心者，只

要不合自己的意願，就會感到很不高興。由於他們有很強的實踐力，所以，不會固

守在一個空間，總在四處活動，想撈一些好處。這種人的朋友不會很多，他們從來不會亂花錢。對世俗的奉承，他們向來不在意。

與這種人交往，花言巧語的作用不大，除非拿出實實在在的東西，否則他們不會相信。最初五分鐘的談話，對這種人來說是至關重要，只要說服了他們，他們就會馬上去做自己已經答應的事情。

他們對事情考慮得比較周到，要辦的事，常常已經在大腦裡「預演」多次。因此，要說服這種人，給他們看實證，效果往往比單純藉語言交流好得多。

也有些人，無論做什麼事情，總想發號施令，一旦沒有這樣的機會，他們就會覺得很不舒服，心裡相當難受。在各種各樣的集會上，總是千方百計地講話、插話，希望取得支配地位。這種人，以男性爲多。

還有些人，常常去參加會議，並且積極地發言，把自己的觀點推銷給與會者。

這種支配型人物，從初次見面就可以看出來。譬如他們會在名片上印著一大堆頭銜，有時還會使用很大的字體。無論對什麼人，都不很客氣，往往有些隨便。一旦得到講話的機會，就會一個人滔滔不絕地講個沒完沒了，不讓別人有說話的機會。

一般來說，他們非但不大聽從他人的意見，還會設法強迫他人接受自己的意見。

這樣的人，就是典型的支配型人物。他們總有一種錯覺，認為只要自己的一句話，問題就會馬上解決。在集會上，總不斷搶先發言，把自己的意見灌輸給別人，並且希望所有人都按照自己的意見去做。他們根本不在乎別人的反應，只要自己能夠當上主角就行。

他們之所以這樣，在於重視功名利祿，有很強的成名成家的內在衝動。與這樣的人交往，應該充分地滿足他們的支配慾望，讓他們感到滿足。

瞬間讀懂對方的心理密碼

這幾類人最大的缺點就是不會接受他人的正確建議，不會集思廣益，錯過不少本來可以取得成功的機會。對這樣的人應該巧妙地加以控制，因勢利導，讓他們做有利於社會的事情，而不是製造亂子。

看穿女性的不同面相

在強烈的日光下，女性會受到壓抑，而在時明時暗的燈光下，她們就會感到很放鬆，將自我釋放出來。

常言說：男人統治世界，女人統治男人。因此，在古今中外的歷史上，有的女人就採用這種方法統治了世界，武則天就是其中之一。

聰明的女性會用才華、柔情去征服男性。具統治慾的女性會用自己的手腕首先征服男人的心，然後才像指揮奴僕一樣，讓他們去完成自己想做卻做不了的事情。

比較笨的女性常常用媚笑、肉體去勾引男人，讓男人替她們做見不得人的事情。有統治慾的女性則不僅要征服所有的男人，甚至還要征服女人。這樣的女人，最討厭聽見別人嘴裡說出「不」字。

權力慾望極強的女性，最常用用間接的方式去統治男人。在結婚之前，她們的未婚夫常常是手下的幹將，為她們衝鋒陷陣。但是，結婚以後，她們就堅決反對丈夫參與自己的事情。這樣的女人，會採取的補救方法，是在床上好好地侍候丈夫。

這時候，她們常常是半推半就，從來不會主動發起攻勢，可一旦行動起來，又會表現得如癡如醉。她們往往不會讓男人過分逞強，自己可以隻手遮天，丈夫只能服服貼貼聽從一切。

很多資料說明，這樣的女人喜歡的是具有自卑心理的男人，只有面對這種男人，她們的內心世界才會得到滿足。這種女性很善於心計，不僅要面對強大的男人世界，還要對付支撐著半邊天的女性世界。

有的女性白天在男性面前比較羞澀，而到了晚上卻很喜歡跳舞，相當開放，似乎完全變成了另外一個人。在夜色的掩蓋下，演繹出很多故事。

很多研究資料表明，會有如此差異，正是朦朧夜色的作用。

夜色朦朧給了這種女性一種安全的感覺，月光的照射，會讓女性興奮起來。在強烈的日光下，大多數的女性會受到壓抑，而在時明時暗的燈光下，她們就會感到

很放鬆，將自我釋放出來。

在白天的時候，她們要與男性鬥智鬥勇，而到了晚上，她們會希望自己更具女性該有的味道。在白天，她們是以眼睛去觀察人，而到了晚上，她們透過感覺去體味人。這種心態表現，正是尋找自我的真實寫照。

她們在尋求解脫，找回女人味，企圖在這樣的場所找到自己心目中的白馬王子。在這種女人身上，常常會發生一見鍾情的事情。

善於跳舞的女性個性開朗，一般都比較長與交際，在生活中也很有進取心。如果經過細心地選擇，常常會找到如意郎君。

瞬間讀懂對方的心理密碼

不同性格的女人展露不同的面貌，聰明的女人要懂得用才華和柔情征服男人。

身為女性，應該加強自己的個人修養，得到貴人相助，使前途更廣闊。

從眼光與小動作裡抓住秘密

人們要成為好朋友，就需要互相瞭解。自我袒露就是把自己內心的秘密告訴別人，使別人瞭解自己，從而成為自己的「知己」。

上級與下級討論工作的時候，一般來說，上級的視線必定會從高處發出，很自然地直接投射下來；而作為下級，即使沒有做錯事，視線卻常常都是由下而上，甚至還顯得軟弱無力。究其原因，在於職位高的人總是希望保持威嚴。

研究視線移開的情況，有助於摸清一個人的個性。

一般認為，初次見面的時候，率先移開視線者個性多較為主動。另外，在談話過程中，一個人是否能站在上風，從最初的三十秒就可以決定。也就是說，當雙方視線接觸的時候，率先移開目光的人就是勝利者。

相反，因為對方移開視線而耿耿於懷的人，就可能胡思亂想，以為對方嫌棄自己，或者與自己談不來。因此，在無形中對視線更加介意，完全受對方的牽制。

初次見面就不集中視線的人，屬於標準的「挑戰型」，與這樣的人談話，應該特別小心應付。不過，同樣是撇開視線的行為，如果是在受人注意的時候才把視線移開，又另當別論了。一般而言，一個人心中有愧疚，或有所隱瞞時，就會產生這種現象。

專家告訴我們：人們要成為好朋友，就需要互相瞭解。自我袒露就是把自己內心的秘密告訴別人，使別人瞭解自己，從而成為自己的「知己」。

為什麼「暴露」我們自己的某些秘密，可以獲得別人的好感，從而拉近自己與別人的關係呢？這是因為資訊分為兩個部分：開放區域和秘密區域。

開放區域所包括的資訊是人所共知的，諸如自己的姓名、性別、興趣、籍貫、外貌等。這個區域的大小，常常取決於自己的知名度等方面因素。且又常常因人、因時、因事等而有所不同。

另一個區域是秘密區域。我們每個人都擁有很多屬於自己的秘密，這些秘密是

一筆「寶貴」的財富，透過向別人暴露，可以獲得別人的信任，找到知己。

我們在何種程度上向別人表露自己的秘密，取決於他人與自己的親密程度。兩者的關係很好，相互之間很瞭解，就是所謂的知己。

為了改善人與人之間的關係，人們經常通過把一些秘密主動祖露給對方，以擴大自己的資訊開放區域。一般來說，自我開放的區域越大，與人的關係就能得到越明顯的改善。當然，把自己的秘密向別人開放，不能不看對象，否則可能帶來不良的後果。開放秘密是為了打好人際關係，所以不能無的放矢，亂放一通。

瞬間讀懂對方的心理密碼

當發現有人向自己暴露秘密，不要忘記了這是對方表示友好的信號。當然，也要注意對方的誠意，避免被假情報蒙蔽、欺騙。

練就「城府」，對未來大有幫助

城府深的人思維不是十分敏捷，但是善於抓住重要的資訊，並且對這些資訊給予高度的重視，最終把握事物的本質和關鍵，獲得成功。

一個人有沒有心計，不是天生的，主要是後天形成的，所以俗話說：「山中有直樹，世上無直人。」

很多情況表明，人年輕的時候，常常有熱情、有抱負，血氣方剛，以天下為己任。他們認為，天下沒有辦不到的事情。這是由於他們的社會閱歷比較淺，因此個性直率，一心希望當一個坦坦蕩蕩的人。

可是，隨著時間的推移，見的事情多了，碰壁多了，漸漸地，心裡面可以裝得了事情，不像早年那樣橫衝直撞，做事會越來越懂得三思而後行。

在這樣的時候，他們遇事就會多加考慮，相機而動，不魯莽，不粗心，不聲張，沉得住氣、容得下人。他們的城府，就是這樣慢慢地變得深起來的。

這樣的人常常具有比較強的耐心，做起事來，一般會表現得不慌不忙，給人一種胸有成竹的感覺。他們對一個問題大多能深思熟慮，所以能夠想出比別人更好的辦法，因而取得成功。

這樣的人多半能夠成就大事。他們的思維不是十分敏捷，但是善於抓住重要的資訊，並且對這些資訊給予高度的重視，最終把握事物的本質和關鍵，獲得成功。

瞬間讀懂對方的心理密碼

在職場社會中生存，想要得到一定的成績，擁有適當的「城府」是必要的。可以說，這是一種保護自己的方式。

6.

如何聽出別人在想什麼？

巧妙地分析對方談話的口氣、速度、聲調，
探究對方的內心正在想些什麼，
這是增進人際關係的要點。

情緒會洩漏一個人的底細

在這個偽詐多變的社會中，你不僅要學會控制自己的情緒，也要看得懂別人的情緒和脾氣。

有的人喜歡妝點自己，平日一副道貌岸然的模樣，說起話來頭頭是道，儼然是博學多聞的紳士。但是，只要一被激怒，就會自動現出原形，讓別人看清他們原來的德性。

日本某家電視台，找了一百位議員來上節目，節目中由主持人發問，然後再聽取這些議員的意見。

由於節目是現場直播，而且每位議員都被刻意分隔開來，因此並不會看到彼此

回答問題的情況。

不久，主持人開始提出詢問，每一個問題都非常嚴苛，並且直涉核心。剛開始時，這些議員們都回應得不錯，但是，在主持人猛烈且毫不客氣的質問下，慢慢地有些人開始回答得亂七八糟。

這讓許多人甚至是主持人，都對他們產生了藐視的心態。接著，主持人更提出了一個敏感的問題，這時有個議員發怒了，生氣地對主持人說：「別開玩笑了，我不會再回答你的任何問題。」

說完後，這個議員便氣憤地離開了，不過攝影機仍一路跟拍，還將他離開會場的情況也拍攝下來。

其實，這個節目早已設計好了陷阱，目的就是要讓對方陷入圈套。

因為，議員們平時在議會或記者會上，只會公然說謊，說些冠冕堂皇而公式化的見解，很難聽到他們的真心話，所以，為了讓議員們能說出心裡真正想說的話，節目的製作團隊想出了許多點子和問題，更企圖以刻薄的問題，來引爆他們的脾氣。

這個方法也真的奏效了，這群在議會上對答如流的議員，不只說出了平日所不會回答的問題，也真實地表現出他們的脾氣和做事的態度。

從這個例子我們知道，修養不夠或是能力不夠的人，其實一探便知，他們只要被別人激怒，就會原形畢露，而且往往不知道如何控制自己的情緒，是非常容易攻破心防的對手。

在這個偽詐多變的社會中，你不僅要學會控制自己的情緒，同時也要看得懂別人的情緒和脾氣；能夠知己知彼，才不會受制於人，並且將對手操控於手掌之中。

看人的眼神是一門大學問

心理學家一致認為，眼睛比嘴巴還能傳達情意，所以，為了讓對方仔細看著你的眼睛，你就必須直視對方的眼。

觀察眼神是研究一個人的入門，因為當一個人看到令人振奮的東西時，潛意識中瞳孔會自動擴大，這是無法控制的自然反應。

我們也可以將這項心理反應活用在日常生活和工作場合之中。

假如你是一個推銷員，推銷業務的時候，不妨仔細注意一下眼前顧客的眼神。

一般顧客的警戒心理都很強，不會輕易表現真實的心意，你可以一面介紹產品，一面注意對方的眼神變化，大致上就能明白他們被哪種商品吸引，或者他們對哪種商

品較有興趣。

只要你能注意到這一重點，成功的機率必然可以提高許多。

新到一個陌生的工作環境，如何與上司交談是個重要的關鍵。

一個優秀的上班族只要能以尊重的表情和謹慎的語氣，選擇有利時機，保持不卑不亢的態度跟上司交談，那麼必定能與上司進行成功的互動，對自己的日後升遷大有助益。

在人的肢體語言中，有一項很重要的「表情」，足以讓談話進行地得順利，也足以讓對方感到不愉快，那就是──眼神。

在工作場合裡，人和人面對面時，視線投射方式是一門大學問，一不小心就會讓對方心生不悅。如果男性的交談對象是女性，一直把視線射向她的胸部，必然會讓她覺得很嫌惡。那到底該怎麼做比較好？

首先，要記住的是直視對方的眼睛。當你要請別人聽你說話、想傳達自己的想法、讓對方有所行動時，就必須看著他的眼睛說話。

心理學家一致認為，眼睛比嘴巴還能傳達情意，所以為了讓對方仔細看著你的眼睛，你就必須直視對方的眼，把視線往下投射或東瞄西看，就會阻礙你想要傳達的意念。

再來就是要了解，對方的「額頭到肩膀」是視線的範圍。

和人說話時，看著對方眼睛說話是基本禮貌，但若一直注視對方的眼睛，彼此之間就會產生壓迫感。為了緩和彼此的這種壓力，你的視線上下可以觸及頭部與肩膀範圍的四邊形，上限是額頭，但是，要避免注視髮際，下限則是肩胛骨的稍下方，左右可及肩寬程度。

要特別注意的是，千萬不要用「掃瞄」的眼神看對方，那是一種非常不禮貌的行為。至於對方可能會在意的部位，也不要停留目光，比如像是傷口、塌鼻子、痘痘或痣……等等。

注意到基本的「看人」原則，視線就不會讓對方產生不愉快的感覺。

如何套出別人的真心話？

想了解初次見面的人言詞是否真實，或是他對交談話題的關心程度，可以用壓迫性交談的手法，故意與對方唱反調。

當一個人良善的光明面遠遠大過於邪惡的黑暗面，他就是一個四處受人歡迎的好人，而當卑鄙下流的思考模式徹底壓制光明正大的念頭時，他就會是一個走到哪裡都惹人嫌惡的小人。

千萬不要被小人的不實言行蒙蔽，而要洞悉他們的真實面目，否則，你很快就會成為「受害人」。

在以了解對方的人品及想法為目的的交談中，想要在有限的時間內儘可能地或

到正確的資訊，就必須使用各種深層的方法才能奏效，其中最有效的方法是壓迫性交談。

壓迫性交談，是向談話對象提出令他不快的問題，或是將對方置於孤立狀態，使他做出決斷的方法。換言之，就是「虐待」對方，將他趕入不利的處境中而觀察反應的方法。

在危急的情況下，一般人都會露出赤裸裸的自我，平常用來掩飾、表現理智的面具會脫落，最後吐露真言。

某個以積極果敢的採訪方式聞名國際政界的新聞記者，在著作中曾經記述自己的採訪信條，就是挑起採訪對象的憤怒。

為了打破受訪者牢固的心理防衛，套出他們的真心話，他常常故意做出不禮貌的舉動，或提出一些逆拂對方的問題，用壓迫性交談逼他們吐出真話。他之所以能夠得知其他記者無法挖掘的極機密資料，這種突破他人心理防衛的巧妙採訪方法，對他助益不少。

想了解初次見面的人言詞是否真實，或是他對交談的話題的關心程度，可以用壓迫性交談的手法；故意與對方唱反調，是最常用的一種方法。

但是，不論如何探索對方的真意，如果引起對方憤怒的話，就有可能造成負面效果。如果，你認為就此與對方斷絕關係也無妨，或是自信能平靜對方的怒氣並恢復良好關係，當然另當別論，但是，若是情形並非如此，就有必要慎重處理了。

一般而言，想套出對方的真正意圖，最好的方式是借用第三者來提出反論，避免自己提出反論時引起對方的反感。

不論如何，唱反調是使對方感到不快的交談方式，最好只在有必要認清對方的真意或人性時運用。

如何聽出別人在想什麼？

巧妙地分析對方談話的口氣、速度、聲調，探究對方的內心正在想些什麼，這是增進人際關係的要點。

和別人交往過程中，其實僅從談吐、遣詞用字方面，就可以窺視對方的內心狀況。因為，談吐的方式會反映出一個人當時的心理狀態，越深入交談，愈會暴露出他的原本面目。

因此，談吐方式、遣詞用字，是探知一個人真正性格和心理狀態的重要依據。

當話題進行至核心部分時，說話的速度、口氣，就是我們探知對方深層心理意識的關鍵。當然，說話的聲調也是不可忽視的要點。

巧妙地分析對方談話的口氣、速度、聲調，探究對方的內心正在想些什麼，這是增進人際關係的要點。

不同身份的人有不同語言。有的人說話粗俗下流，有人說話謙恭有禮、有條不紊，有的人說話內容豐富真實，當然也有人一派胡言，或內容空洞、不知所云。總之，人說話的時候，就反映出他究竟擁有什麼內涵。

高貴優雅、氣度非凡的人說話溫和流暢，表示他們常用文雅的應酬用語。然而，這類人應分為兩種，一種人是表裡如一，一種是口是心非。

後者很多是外表高尚而內心醜惡的人，他們不願被對方察覺自己極力掩飾著的目的，所以才使用文雅的口氣說話。

相反的，談吐粗俗的人顯得比較單純。這種類型的人，無論對上司或部下，對同性或異性，都不改談吐方式，喜歡就喜歡到底，討厭也討厭到最底。此外，在初次見面的情況下，這種人的好惡表現也相當明顯，不是表現得很不耐煩，就是親熱若多年摯友。

除此之外，說話說到傷心處就哭哭啼啼、一把鼻涕一把眼淚的人，依賴性非常強烈。這種人儘管平常表現得和藹可親，善於交際奉承，但實際上非常自私、任性，大多屬於不受歡迎的角色。

好掉淚的人有一個屢試不爽的看家本領，就是以半哭半泣聲調，打動別人的惻隱之心，以達到自己的目的。這種模式是一輩子都改不了的。

不聽對方說話，只顧自己滔滔不絕、口沫橫飛的人，則屬於強硬類型，這種人只要在說話的時候，別人肯「嗯、嗯」地靜靜聽他說，就可以得到好感。這種人的最大弱點就是自尊太強，經常喜歡搶先別人一步。

有的不善言詞，說起話來支支吾吾，這一類型的人有時是因為缺乏表現力，無法巧妙地表達自己想要說的話，有時則適個性陰柔、思考深沉、度量狹窄。更有的是欠缺智慧，或者精神上有某種缺陷。

從說話態度推測別人的性格

說話抑揚頓挫變化激烈的人，通常有卓越的說服力，給人善於言詞表達的感覺，但這也是自我表現慾望強烈的證據。

一個人說話的聲調和速度非常重要，可以從中觀察出他的心理狀況。

要是對方說話的速度放慢，表示他對你有所不滿。相反的，說話速度加快，則是他在人前抱有自卑感或話中有詐的證據。突然快速急辯也是同樣的心理。例如，罪犯在說謊時，根本聽不進旁人在說什麼，只會滔滔不絕地為自己辯護。因為，他們有不欲人知的秘密藏在心裡。

也有人說著說著，突然提高了音調叫道：「連這個都不懂！這個連小學生都會

的你也不懂！」

　像這樣惡形惡狀的咆哮，是期望別人服從自己；相反的，假如音調突然變得低

聲下氣的話，則是自卑感作祟，或膽怯、說謊的表現。

　說話抑揚頓挫變化激烈的人，通常有卓越的說服力，給人善於言詞表達的感

覺，但這也是自我表現慾望強烈的證據。

　說話小聲、言詞閃爍的人具有共通的特點，如果不是對自己沒有自信，就是屬

於女性性格，和低聲下氣的說話類型心理相似。

　也有的人喜歡在一個話題繞個沒完、扯個不停，就算阻止他繼續說下去，明白

地表示：「我已經了解你要說的意思了！」他也絲毫沒有停下來的樣子。這種說話

的方式，是害怕對方反駁的證據。

　也有的人只會隨便附和幫腔，例如：「你說的沒錯」、「說得是」……等等，

這種人根本不理解別人在說些什麼，同時對談話的內容也一竅不通。如果你在說話時，有人在一旁當應聲蟲，你必須明白這一點才行。要是你誤以為對方了解你的談話，那你就變成丑角了。

每個人說話都有一定的特性和習慣，常用的詞語與字眼，往往反映出說話者的性格。

在談話中常使用「我」的人，是自我表現慾相當強烈的人。

在對話中，大量摻雜外文的人，可能在知識方面相當廣泛，但也有可能是一知半解，只是藉此遮飾自己的才疏學淺。

也有人喜歡用「我認為」、「我想」的口氣，這種人看似慎重，其實是膽怯的象徵。

這種人個性陰晴不定，對別人的警戒、防衛心理也相當強烈。初見之下，似乎和藹可親，但是當你放心地與他親近時，他又會擺出一副冷若冰霜、瞧不起人的姿

態，所以和這種人相處需要相當謹慎。

　　除此以外，一見到女人就刻意表現出溫柔親切的態度，或有意無意說出性方面用語的人也不少。在女性面前，突然以謹慎恭敬的口氣說話的男人，都屬於雙重性格的人，這種人通常在職業上被壓抑，例如學者、醫生、律師、政客……等腦力勞動者居多。

　　至於說話中從不涉及性方面用語的人，並不表示他們特別純潔高尚，這種人往往是繃著面孔的假道學，與這種人交往，更應特別小心。

相貌堂堂的人，不一定是好人

外表看起來老實，並不足以證明一個人的內心善良，睜大眼睛多加觀察，免得受騙上當，後悔莫及。

「你是否喜歡某某歌星或某某政治人物？」

這個問題所出現的答案呈兩極化的情況可能不少，因為對於這類人物的評價，大家必然有不同的看法。

演藝人員和政治人物有極為類似之處，那就是他們在舞台上展現的態度和風格，往往使人覺得他們很偉大，這種偉大或許就是心理學中所謂「主觀性的大」。

看起來之所以變偉大，就是因為其中加入某些因素。若想探尋究竟加入些什麼在

171

裡，必須考慮各方面的條件。

這種使人誤認而表現出來較實際高大、成熟的原因，可說非常複雜，而有時當事者對這種因素也會有所自覺，並善加利用。例如，假藉宗教斂財、詐騙的神棍，便是很明顯的例子。

他們通常並不是身材高大，或看起來多麼具有威望的人，可是初次見面，卻會令人覺得他的體形高大，身上彷彿充滿著某種神奇的光芒。

正因為他們懂得誇飾自己，看起來往往看起來會比實際上來得高大。

納粹黨領袖希特勒，在全盛時期時也是如此。真正的希特勒是一個身材矮小的男子，而且是一個對自己矮小身材十分在意的人，然而許多傳說，都將希特勒形容為一個具有魄力、身材魁梧的梟雄。

某位職業婦女在個很偶然的機會中，與一名男性邂逅。當時，他正倚靠在酒吧的櫃台邊，高大英俊，聲音極富磁性，全身洋溢著男性魅力，她很快就被他吸引，

掉入愛的漩渦。

經過一段時日來往後，她終於決定與他成親，於是將他帶回家，介紹給雙親認識，家人對這門親事也都非常滿意，一致贊同。

可是自從結婚以後，他的態度開始逐漸轉變。起初，他時常提到錢的問題，後來變本加厲，經常要求女方拿出大筆金額的錢。

這位女士感到十分納悶，於是一面婉轉拒絕他的要求，一面商請徵信社調查對方的底細，結果發現這名男子是個前科累累的詐欺犯。

外表看起來老實，並不足以證明一個人的內心善良，儀表堂堂、風度翩翩的人，也不一定是好人，因此，遇到這種人的時候，最好睜大眼睛多加觀察，免得受騙上當，後悔莫及。

誇大其詞可以使小人原形畢露

只要你肯花心思，活用一些技巧，就不會因為受制於這一貌似忠厚的小人而大傷腦筋。

實話實說當然是一種美德，但是，當你急於摸清一個人的真實樣貌，或是一件事情的真相，單刀直入不一定有效。這時，你就必須懂得誇大其詞。

法國的寓言故事作家兼詩人拉封丹，非常喜歡吃馬鈴薯。

有一天，僕人為他端來了一個剛出爐的馬鈴薯，拉封丹卻嫌馬鈴薯太燙，於是把它先放在飯廳的壁爐上待涼，便起身去辦別的事情了。

可是，等拉封丹回來時，馬鈴薯卻不見了，便猜想一定是僕人把它吃了。於

是，他大聲地呼喊：「喔！我的天！是誰吃了我的馬鈴薯？」

「不是我。」那個僕人回答說。

「那我就放心了。」拉封丹裝出一副放心的模樣，鬆了一口氣。

「為什麼這麼說？」僕人不解地問。

「因為，我剛在馬鈴薯上加了毒藥啊！」

「不是真的吧？加了毒藥……那我不就中毒了！」僕人十分地驚慌。

拉封丹知道偷吃的人是誰了之後，便笑著說：「放心吧！我騙你的啦！不這麼講，我怎麼有辦法知道事情的真相呢？」

想引小偷出洞，有時得「危言聳聽」，攻破人心的弱點，這是寓言詩人拉封丹對付狡詐小人的絕妙技巧。日常生活也是如此，對於貌似忠厚的小人，有時候略施小技，也能使他們原形畢露。

甚至一個轉念和方法的改變，都能讓事情的另一個面貌真實呈現，只要你肯花心思，活用一些技巧，就不會因為受制於這些小人而大傷腦筋。

不要讓小動作洩了你的底

由於某種心理因素而產生口腔性格的人，長大成人後，仍然會貪溺於口腔行為的表現。

曾有人請日本心理學家多湖輝列舉令人討厭的男同事特徵，根據他以職業女性為對象所收集的資料顯示，以下三項高居前三名。

• 咬指甲、咬筆的癖性。
• 香煙濾嘴經常濕漉漉。
• 不斷地咀嚼口香糖。

多湖輝提出的結論是：這些職業婦女們的觀感，可能只是憑著直覺來應答。這是為什麼呢？

多湖輝指出，這與動物行為學研究中的「親密性」有密切的關係。

觸摸的心理與生理具有十分密切的關係。人類是一種對觸感抵抗力非常低的動物，可是事實上，我們的生活卻充滿各種觸摸，比如撫摸小孩的頭、與朋友握手，或者彼此視線的接觸……等，均是屬於觸摸的範圍。

其中，視線的接觸，雖然從表面看起來，不屬於觸摸的一種，不過從「親密性」的觀點來說，濕潤的眼睛眨也不眨的注視、睜大眼睛直視，或者轉開視線等，都還是屬於觸摸的範圍。

假設將性交視為「觸摸」的一種，可能更能體會它所具有的威力！此外，由床舖與我們的關係，或者將小狗抱起來貼在自己胸前，以及把小貓擁在懷中時，也都能夠察覺到觸感隱含的魅力。

許多抽煙的女性，一天經常要抽上好幾根。她們抽煙或許並非真有煙癮，而是為了尋求某種觸感，也就是說，嘴唇之間含著香煙所產生的接觸感，實際上乃是心

177

理上的一種慰藉。

那麼，觸摸究竟具備何種心理意義呢？關於這一點，我們可以根據精神分析學的理論來解釋。

幾乎所有的精神分析學者都相信，人類的性感帶是依照口唇、肛門、性器，一貫的程序發展下來的，但是有些人會由於某種精神上的因素，而使發展程序停留在某一階段。

其中，發展停留於口唇階段者，我們稱之為口腔性格。產生這種現象的原因，是因為幼兒時期對母親完全依賴的心理所造成，而一直保留至成人的情形居大多數。

也就是說，由於某種心理因素而產生口腔性格的人，長大成人以後，仍然會貪溺於口腔行為的表現。當然，例外的情形也不少，不過，就整體情況而言，前述職業婦女的直覺的確出乎意外的正確。

穿著華麗，多半戴著假面具

男性時裝專家的評價，具有十分深刻的心理意義：從心理學角度來看，過分考究穿著的人多半戴著假面具。

想正確地判斷一個人，千萬別只看他的外表，也別只聽他的話語，而要從一些細微的肢體動作著眼。

透過細膩的觀察，我們就可以迅速研判出對方是什麼樣的人，在人際關係中就可以無往不利。

目前，時裝界已經不再是女性獨霸的天下，男性時裝的設計在現今漸漸受到歡迎。由於社會競爭越來越激烈，男性時裝界為鞏固自己的地位，還成立一個類似協

會的組織。

有一次世界各地的協會在召開國際性聯合大會時，時裝專家們提出一段非常有趣的言論。

這段言論的主旨是在討論最佳服裝獎的標準，結論是：過分講究打扮或穿著毫無變化者，都不能算是會穿著的人。

許多以講究穿著、注意服飾而出名的人，每次對於隔天所要穿的衣服，往往會花一個小時以上的時間來做準備、考慮。

他們的頭髮永遠都是梳得服服貼貼，並抹上適量的髮雕。西裝上衣的前胸，總是插著與領帶成套的手帕，皮鞋與西裝的搭配也十分考究。

但他們的服飾由男性時裝專家來評判時，成績都是不及格。如果套個最近流行的黑色幽默來看，還有人建議，可以頒給他們最差服裝獎。

總而言之，過分注重穿著的人，實在讓人不敢恭維。我們經常可以聽到有人批

評他人：「那個人確實是不錯，可是他對於穿著太過講究，和他在一起，真是令人無法忍受。」

這些判斷與男性時裝專家的評價，都具有十分深刻的心理涵義。我們可以先將

結論提出來：過分考究穿著的人，依照心理學的角度來看，這種人多半戴著假面具。

假面具在拉丁語中為 *persona*，這個字不禁使人立刻聯想起英文中的 personality（人格），personality 的語源是由 *persona*（假面具）而來，意謂著人格往往都戴著假面具。

從這一層意義上來看，電視、電影甚至日常生活中所出現的騙子，服裝大都非常講究，或許就是出於這個原因吧！

7.

手指發出的
訊號最不會說謊

興奮的舉動，在一般的場合下都是通過手來表達的。

揮著拳頭，或者不斷用手指相互摩擦，

無意識當中都表達了自己的意思。

玩弄身邊的東西，表示想緩解壓力

人為了緩和緊張的心情，時常會無意識地擺弄起身邊的東西，如果身邊沒有可以觸摸的東西，就會用手撫摸頭髮或者是抓頭。

我們在咖啡店裡常常看到有人不斷擺弄杯子或者是毛巾，這樣的人是處於什麼樣的心理狀態呢？

其實，這是心理緊張，想要獲得舒緩的象徵。

人為了掩飾自己緊張的心理狀態，或是擔心別人知道自己某個不欲人知的弱點，在許多場合之中，經常會一邊客客氣氣說話，一邊頻頻觸摸身體的某些部位，或是玩弄身邊的東西。

這種時候所說的話，通常都是空話或假話，不必太過當真。

人如果覺得緊張，就會無意識地想要讓手動起來，所以在咖啡店裡聊天的時候，如果對方開始玩弄起毛巾，那麼就意味著對方一定覺得有什麼東西讓他感到緊張，玩弄毛巾就是想要緩和一下這種緊張的心情。

人為了緩和緊張的心情，時常會無意識地擺弄起身邊的東西，這是所謂的「反射性行為」，如果身邊沒有什麼可以觸摸的東西，那麼就會用手撫摸頭髮或者是抓頭。這些動作其實也是表達同樣的意思。

不過，緊張的狀態也有程度上的差別，有小小的緊張，也有很緊張的情況。在第一次見面的人面前，如果你心裡想著：「差不多要結束談話了吧」，並在心裡盤算著結束的時機，這種時候一定也是很緊張的，於是可能會無意識地擺弄放在桌子前的名片。

沒有意識到自己不斷撫摸頭髮，或者在不吸煙的人面前不斷抽煙，這些也都是緊張的表現，目的就是想要緩解壓力而已。

踩到口香糖，會反應心理狀況

踩到口香糖就馬上緊張地把腳彎起來看鞋底的人，雖然會仔細分析失敗原因，但是和周圍的人相處比較沒有協調性。

在馬路上踩到口香糖的時候，會轉過頭去看自己抬起來的腳，這樣的動作表現了怎樣的人格特質？在路上踩到缺德鬼吐的口香糖，的確是一件讓人很討厭的事情，許多人的第一反應是：「糟糕！」而從不同的反應中，也可以一定程度地了解一個人的內心世界。

轉過頭去看自己抬起來的鞋底的人，比起自己踩到口香糖，他們更在乎周圍人的看法。譬如說，如果這樣的人急急忙忙趕到公車站，卻看到公車在自己面前關上

了門，那麼他們一般會裝出若無其事的樣子，心裡想著：「反正也沒有什麼急事，不一定要搭上這班車」，然後看著公車離開。

相反的，如果一個人踩到了口香糖就馬上緊張地把腳彎起來看，那麼，他們更在乎踩到口香糖這件事情。這類型的人如果碰到自己要搭的公車正巧開走的情況，一般都會上前去敲門，並且態度很不好。

不管是哪種類型的人，都各有自己的長處和短處。轉過頭去看自己抬起來的鞋底的人，雖然會不斷重複犯過的錯誤，但是一般較有協調性；而踩到口香糖就馬上緊張地把腳彎起來看鞋底的人，雖然會仔細分析失敗原因，不讓錯誤再次發生，但是和周圍的人相處比較沒有協調性。

有的年輕女性不小心踩到口香糖時，馬上就彎起腳，並用雙手握著腳踝，只用另外一隻腳蹦蹦跳跳的，且一邊說著：「真討厭，真是的。」這種模樣雖然會讓人覺得很好笑，但是也會讓人覺得她們很努力地在加油著，甚至還可以讓人覺得她們很可靠。

拿雨傘的方式，會流露人的心思

橫著拿雨傘是非常讓人覺得不高興的事情。這樣拿雨傘的人，對待外界過於冷漠，不會注意周遭的人、事、物。

在這個不懂得自我包裝，就無法將自己推銷出去的社會，想知道對方究竟是怎樣的人，千萬別被洋洋灑灑、圖文並茂的「履歷表」迷惑，而要從細微之處觀察他的言行舉止。

只要靈活解讀對方肢體語言，你就可以擁有一對瞬間讀懂人心的慧眼，一眼看穿對方的本性。

透過拿長柄雨傘走路的方式，也可以看出一個人的心理。

當你拿著雨傘的時候，一般會採取什麼樣的方式呢？

有著叛逆心理的年輕人可能會把雨傘柄插在褲子的口袋裡，心裡覺得：「我才不想拿著這麼老土的東西呢！」

大部分的人一般會拿著雨傘，並儘量不讓雨傘柄碰到地上，如果像小學生那樣拖著雨傘走路，會顯得很不體面的。

下雨的時候，有的人會把淋濕的雨傘用超市的塑膠袋裝起來，會這樣做的大多是中年婦女，甚至有的中年婦女還一個人帶了三把雨傘，下雨的時候就把多餘的傘借給一起出門的人。

可以看出，這樣的人很善於幫助別人，不過，一般這樣的人總是想處於領導地位，而且可能會有一些囉嗦。

有的人則是用提著公事包的手夾著雨傘，或是把雨傘橫著用手抓，這樣做的人大部分都是男性，而且是從來沒有考慮過要怎麼拿雨傘的人。

通常，這樣的人除了工作以外，對任何事情都沒有興趣，是典型的工作狂。而拿著雨傘好像是拿著刀劍一樣的人，可能是想像武士一樣裝腔作勢，這樣的人一般都是從小玩竹棒打鬥的中年人居多。

不過，如果在人很多的場合還採取這種拿雨傘的方式，那麼很可能會傷害到別人，至少也會讓周圍的人覺得很不愉快。尤其是在公車上，如果前面的人這樣橫著拿雨傘，會讓後面的人覺得很危險。

這的確是非常讓人覺得不高興的事情。這樣拿雨傘的人，一定都不在意周圍的人，或許他們是工作專心的人，但是對待外界過於冷漠，不會注意周遭的人、事、物。

手指發出的訊號最不會說謊

興奮的舉動，在一般的場合下都是通過手來表達的。揮著拳頭，或者不斷用手指相互摩擦，無意識當中都表達了自己的意思。

人的自律神經是大腦無法控制的自動裝置，一受到外來的刺激，自律神經馬上就將它傳達到身體各部，同時在潛意識中表現出許多舉動來，而這些微妙的變化，就是我們進行觀察之時必須把握的重點。

說話的時候會用手指指著對方的人，心理是怎樣的呢？

很多人都有這種習慣，從行為心理學來說，這是對對方發出的「恐嚇信號」，意思是「你要服從我」。

當然，下屬對上司是不會做出這樣的動作的，這種舉動只會出現在對方的地位和自己同等或者地位比自己低下的場合。

但是，為什麼用食指指著對方說話，是表示「你要服從我」的意思呢？

這是因為對對方伸出食指，是想給對方留下自己好像是拿著刀子威脅對方的印象，讓對方感到自己像被武器脅迫一般。當然，被動的一方會感覺到壓迫感，並沒有愉快的感覺。

這樣說話的人通常沒有考慮到對方的感受，只是想強硬地讓對方執行自己的指示，或者說是對自己的言行充滿了自信。但不管是出於何種原因，如果被對方用食指指著，聽話人一定不會覺得心裡好受。

至於幹勁十足地摩拳擦掌的人，又是怎樣的心理呢？

幹勁十足地不斷摩拳擦掌，表示一個人很有自信，馬上就想要投入自己想做的事情當中。

興奮的舉動，在一般的場合下都是透過手來表達的。揮著拳頭，或者不斷用手指相互摩擦，這些動作無意識當中都表達了自己在做準備動作的意思，也可以說是「意圖運動」。

這樣的動作很像馬要起跑之前，會用前腳不斷掘土。例如，參加會議之前，認為「這個計劃今天一定要通過」的時候，就會在會議開始之前的談話當中，無意識地做出摩拳擦掌的動作。

只要通過這樣的動作，就會讓別人感覺「今天好像很有信心」，雖然表面裝做要緩解一下壓力而和大家聊天，把話說得客客氣氣，但是在心裡卻決定，在會議上如果碰到反對意見的話絕對不會讓步，但這樣言不由衷的心理卻會通過手指表現出來。

不滿意是因為充滿壓力

處於擁擠的城市裡、狹小的環境中，當然會堆積壓力，於是充滿壓力、對環境不滿意的人就會變得沉默起來。

並沒有什麼急事，卻急著在電扶梯上行走的人，表達什麼心理呢？

在電扶梯上行走的人並不一定都是性急的人，競爭心理很強、不服輸的人也經常會在電扶梯上行走。這樣的人總是想要不斷超越在電扶梯上佇立的人，並從中感覺到快感；如果他能夠走在對方前面，就會獲得勝利般的喜悅心理，一旦落後了就很懊悔。

這種人不管在什麼地方都會發揮自己的競爭心理，如果在工作上不能勝過對方的話，就會想要在戀愛方面找到比對方戀人更好的人，以此來勝過對方。這樣的人

不在意在什麼樣的場合，也不在意是不是自己一廂情願，只要自己能夠「贏了那個人」就可以了。

雖然不過是自我滿足罷了，但這樣的人會不斷尋找能使自己感到滿足的事物，並且非常討厭失敗。然而，生活中的失敗挫折是難免的，也許，他們只能在電扶梯上享受不斷超越別人的快感吧！

在擁擠的電梯或者車廂裡一言不發的人，又是怎樣的心理呢？

在巔峰時間的車上搖搖晃晃的人們，或者在擁擠的百貨公司電梯裡面的人們，一般都沉默著，而且還擺出一副很不滿意的臉孔。

僅僅用工作很辛苦來解釋這點是不夠的。心理學家指出，從人和人之間的距離可以瞭解彼此的親密程度，而在上下班的巔峰時間，人們所表現出來的不滿意的表情，和與對方的距離太近有很大的關係。

不管是誰，都會在無形當中在自己的周圍建造看不見的圍牆，這就是所謂的「個人空間」，這個個人空間並不是以身體為圓心，半徑多少距離的圓形空間，而

是前面會比較寬闊、後面比較狹窄的空間。

根據心理學家研究顯示，所謂的個人空間，前方大約有一百六十公分，後面大約有四十公分，左右大約分別有八十公分，這樣的空間，就好像是一個雞蛋的形狀，而能夠進入到這個範圍的都是很親密的朋友，一旦不認識的人進入到這個範圍內，就會讓人產生緊張感。

我們在日常生活當中，總是會下意識控制與和對方的距離，製造出個人空間，並根據距離的測量來決定要前進還是後退。

但是，在上下班巔峰時間的車廂裡，或者是在擁擠的電梯裡面，就沒有辦法做到保持自己的個人空間。本來，進入到這個個人空間的應該是戀人或是配偶，但是現在卻是一些不認識的人進入到自己的「親密距離」裡面，而且自己還沒有後退的餘地。

這就是人們臉上表情總是一副不滿意模樣的原因。其中，既有自己的個人空間

被對方侵入的不愉快，也有進入到不認識的人的個人空間，覺得不舒服的心情。這些心情混合在一起後，內心就處於一種忍耐狀態，而在這樣的狀態下，是一定會聚積壓力的。

因為自己被關閉在一個閉塞的空間裡面，一直在忍受著自己意志不能夠控制的客觀環境當中，所以一旦到達目的地或者從電梯裡面出來時，一定會有一種很輕鬆的感覺，表情也一下子變得愉快起來。如果我們稍微觀察一下那些從封閉的空間解放出來的人，一定會發現他們的走路方式是儘量想要恢復自己的個人空間，而和別人刻意地保持距離。

都市人不管是走路的速度還是行進方向，都想要在自己的身邊創造出一個屬於自己的個人空間，而這實際上也顯露出他們心中堆積了壓力。處於擁擠的城市裡、狹小的環境中，當然會堆積壓力，於是充滿壓力、對環境不滿意的人就會變得沉默起來。

閉著眼睛是為了適應環境

人不管在什麼樣的環境中，都會用自己的意志來改變自己適應環境，而其中一種下意識地要去適應環境的動作就是閉起眼睛。

一部成功的電影除了演員的演技必須精湛之外，「眼技」也相當重要，許多扣人心絃的影片中，演員眼睛轉動的迅速與犀利的目光，常常令人激賞。

在日常生活中，巧妙地使用眼神，也具有相當的交流作用，各種不同種類的眼神，都分別意味著傳遞某一種感情或消息。眼睛轉動的方向有異，帶給人們的感覺也就不同。

例如，視線流動不定的人，意味內心世界起伏不定或者正在說謊。

視線可以相當明確地表示出我們的自我意識，譬如當我們睜開眼睛看一會然後

又閉上，這種姿態就含有保護警戒的意味。

在擁擠的公車或捷運車廂裡面，有人根本就不想睡覺但還是閉起眼睛，這樣的人心理是怎樣的呢？

在擁擠的電車裡面，根本就沒有睡覺的意思卻還是閉著眼睛，或者是埋頭讀書，這樣的行為也和「個人空間」有很大的關係。不管是哪一個動作，都是覺得既然沒有辦法為自己製造出一個個人空間，那麼就只好盡量想辦法消除自己被封閉在狹小擁擠空間裡所造成的不愉快心情。

貓受到驚嚇的時候會想躲到黑暗的地方，即使僅僅只有腦袋縮到暗處也好。或許，從人類的角度來看，貓僅僅把腦袋藏起來而把身體留在外面，看起來就像笨蛋一樣，但是對貓咪來說，處於沒有東西可以隱藏的環境中，至少也要讓自己看不到對方，並以此獲取安心的感覺。

人不管在什麼樣的環境中，都會用自己的意志來改變自己適應環境，而其中一

種下意識地要去適應環境的動作就是閉起眼睛，因為閉上眼睛，就可以不去看周圍那些不認識的人。

而在閉著眼睛的時候，有的人也有可能閉著閉著就睡著了，但不是所有人最初都是想睡覺才把眼睛閉起來的。

在車上看書或是看報紙也是同樣的行為，有的人在上下班的巔峰時間在車上專心看書、讀報，是因為如果想不去理會製造壓力的閉塞空間，那麼就只好把自己的注意力集中在書本當中。

因此，在上下班的巔峰時間，讀一些比較艱深的專業書籍可能會更適合，這樣一來，早上的巔峰時間也有可能會變成學習的時間。

腳尖比嘴巴更不會說謊話

想要避開對方時，腳尖會朝著旁邊，特別是和對方並排而坐時，這樣的傾向會更加明顯，因為這是一種無意識的「拒絕信號」。

新一代的肢體語言研究專家認為，觀察腳尖比起嘴巴更容易看出一個人的內心世界，也更容易判讀一個人是否在說謊！

在交際應酬的場合，即使對方微笑著對你說「認識你實在是一件讓人非常高興的事情」，你也不要過於輕信，因為人總是能夠輕易地說出違心之論，睜著眼睛說瞎話也不足為奇。

如果對方是一個你覺得很可疑的人，那麼你在聽對方說話的時候，最好像肢體

語言研究專家所強調的，先觀察一下對方的腳尖。如果對方的腳尖是工工整整地向著你的話，這就代表對方說的是真話；而如果腳尖是橫著放的話，那麼很可能對方說的話只不過礙於場面隨便說說，和他心裡想的不一樣。

當我們想要避開對方時，首先腳尖會朝著旁邊，特別是和對方並排而坐時，這樣的傾向會表現得更加明顯，因為這是一種無意識的「拒絕信號」。

這種觀察方法，不僅在交際場合適用，也可以運用在男女交往。

你的戀人到底對你有什麼樣的看法呢？如果你一直都無法確認的話，或許可以透過腳尖來確認，觀察一下當你們一起並排坐在公園的長凳上時，她的腳尖是朝向哪個方向的。

女性不想要傷害對方的時候，反而不會說實話，而會更平靜地說出心裡面根本就不存在的想法。即使她說出好聽的話語，但腳尖沒有朝向前方的話，那麼你最好不要相信她嘴裡說出的正是她心裡面所想的。因為，腳尖比起人的嘴巴更能表現出一個人的內心世界。

透視男人的「戀母情結」

很多人有經常用手指頭觸摸嘴唇的習慣，這種動作也和吸吮手指具有同樣的意義，這是一種戀母情結的象徵。

咬著指甲的人，他們的心理是怎樣的呢？

不知不覺地咬手指甲是一個不好的習慣。不管是男性還是女性，有咬手指甲的習慣就是留戀嬰孩時代的證據，心理學家說，這是把嬰孩時代吮吸手指的動作用咬手指甲來代替。

正因為吸吮手指是吸吮母親乳房的代替方式，因此在別人面前吸吮手指頭，就表示想要吸吮母親的乳房，這種不雅的行為彷彿在向外界宣告：我還不是一個成熟

的大人。

當然，在現實生活當中，幾乎沒有人會旁若無人在別人面前咬手指甲，不過，卻有很多人有經常用手指頭觸摸嘴唇的習慣，這種動作也和吸吮手指具有同樣的意義。透過用手指觸摸嘴唇這樣的動作，來獲得被母親抱在懷裡的安全感，這是一種所謂的「親密行動」。

也許，有人會這樣說：「有這種戀母情結的人只是少數而已。」

不過，心理學家指出一個很有趣的現象，那就是不管如何偽裝，有「戀母情結」的人還是會無意間表現出來。例如，他們會特別喜歡那種霜淇淋已經融化了一半的飲料。

用稍微粗一點的吸管吸一般液態飲料的時候，不會有很懷念的感覺，也不會沉浸在幼時的回憶裡面，不過，據說用吸管吸那種霜淇淋已融化一半的飲料，與吮吸母親的乳房是同樣的吮吸方式的。

203

至於用雙手抱著膝蓋坐著，代表的心理狀態也大致相同。

如果一個女性用雙手抱著膝蓋坐著，那就代表她是想用她的全身來向外界傳達她內心的寂寞。有這種坐姿的女性既不是想睡覺，也不是覺得寒冷，而是覺得寂寞，這樣的坐姿是女性特有的典型「自己親密行為」。

但是，如果一個成年的男人也出現這種行為，那就代表著他的內心有某種程度的「戀母情結」。

很小的孩子在表示自己寂寞的時候，也會採取這樣的姿勢。我們常常見到這樣的場景：回到家的孩子發現家裡沒有人在，而自己也沒有帶鑰匙，於是只好坐在門口，這時候他們一般就會採取這樣的坐姿。

用雙手抱著膝蓋的坐姿，代表當人們覺得寂寞的時候，幼兒時期的天性就會無意識地表露出來。

時常低頭，會被認為是豬頭

打招呼的時候低下頭是一種表示謙虛的行為，但如果一個人一直對著別人低頭，會被大家譏笑為「卑微藐小的人」的。

有的人比較缺乏肢體語言，但是在很多場合我們為了明白對方是不是在說謊，卻拚命想從對方不經意流露出來的肢體語言來猜測對方的心思。

不過，要從對方不經意的動作中讀懂對方的心思需要多加注意，仔細感受對方動作所發出的信號，並注意當中的含義。

我們經常因為感受不到對方發出的信號，而更努力的想要弄懂對方的心思，因此常一不小心注意過頭，如此一來，反而會讓對方感到過大的壓力，最終造成雙方

不必要的誤會。在打招呼的時候，有的人會低下頭，這是表示了什麼樣的心理呢？

打招呼就打招呼，為什麼要低頭呢？

這是因為縮著身子會讓自己看起來比對方矮小，這是在向對方表示「我只是一個微不足道的人而已」的意思，是一種「服從行為」。另外，低頭也是表示毫無防備的姿勢，和投降的時候會高高舉起雙手一樣，都是表示自己並沒有惡意，表示對對方服從的心理。

行為心理學家認為，低頭和鞠躬是處於劣勢的人，希望引起處於優勢的人注意，而產生的一種表示「服從」的動作。

有的人會認為，打招呼的時候低下頭是表示謙虛的行為，但如果一個人一直對著別人低頭、鞠躬的話，會被大家譏笑為「卑微藐小的人」的。

此外，在職場上，遇到層級比自己高的上司就忙不迭地彎腰，也會被認為是個逢迎拍馬、別有居心的人。

8.

看看吃相，
就知道大致情況

觀察飲食的愛好與習慣，
將能夠有效歸納出人的特質與性格。
例如貪吃的人往往比較貪心，
他們在潛意識裡用吃來填補這種慾望。

觀察飲食習慣，找出真相

從吃相可以觀察一個人的內心世界。只要仔細觀察，每個人的「吃相」都不盡相同，不同的吃相代表不同的個性。

吃東西不僅僅是為了填飽肚子，還是一種自我表現的重要方式。

坐有坐相，站有站相，吃也有吃相。從坐相和站相中，我們可以瞭解人體傳達的某些資訊，從吃相當中，我們同樣可以看出人的某些個性。

好的吃相應該是不緊不緩、不慌不忙，不大嚼、不出聲，坐姿端正、頭部維持平衡，切忌暴食暴飲。吃東西的時候不要說話，再重要的事情都要等吃完東西再說。嚼東西的時候要心平氣和，不要發怒圖快。

吃東西快的人經常狼吞虎嚥，這樣的人容易發胖，個性比較倔強；吃東西慢的

人喜歡挑食，常常細嚼慢嚥，這樣的人通常比較瘦，個性也比較溫和。

有的人吃得很少，但是卻很胖，這種人的個性往往比較寬厚，心胸寬廣，消化吸收功能比較好；有的人吃得多，但是卻比較瘦，這種人的心境往往比較煩躁，經常碰到不順心的事情，吃什麼都不香，消化吸收功能不好。

上桌前坐立不安，左顧右盼，食物一上桌就猛吃的人，大多出身不好，少時家貧。這種人吃苦耐勞、踏實肯拚，對工作兢兢業業、任勞任怨。

有的人愛乾淨，對用餐環境和餐具的清潔有特殊的要求，即使一根魚刺掉在桌上，也要撿起放到碟子裡，以方便別人收拾。這樣的人比較嚴謹，通常會稱讚別人所付出的努力，工作時有條不紊，講究整潔，生活很有規律。

有的人吃東西口味較重，食物一上桌就胡亂添加調味料，醋、醬油、辣椒，胡椒都要沾一點。這樣的人喜歡冒險，不願意平平淡淡過生活，做事常常不會考慮太多，所以往往比較輕率。

有的人一邊進食，一邊嘮叨不停，總有說不完的話。他們由於急於和人交談，吃東西往往比較快，以至於有時候來不及將食物吞進去。這種人做事情通常比較性

急，雷厲風行，不拖泥帶水，在與他人相處時，經常顯得咄咄逼人。

有的人吃飯時悶聲不響，很少與人搭話，多數情況是專心低頭吃飯，目不斜視。這類人大多個性孤僻或比較害羞，一般較為內向，不善於人際交往。

有的人一吃完就離開飯桌，不等候同桌的其他用餐者。這種人喜歡獨來獨往，自視甚高，常常以自我為中心，很少與自己瞧不起的人來往。

一個人吃相很貪婪，就證明他具有獨斷專行的個性；吃得很快，但又有選擇地進食的人，工作起來十分迅速有效率；關心飲食營養成分的人，喜歡吹毛求疵；如果一個人吃得很慢，他會是很好的組織者；進食時有規律休息的人，一定是認真做事的人；沒有胃口卻仍然狼吞虎嚥的人，對於工作無精打采，態度冷漠。

瞬間讀懂對方的心理密碼

仔細觀察，每個人的「吃相」都不盡相同，就像世界上沒有兩片完全相同的樹葉一樣。不同的吃相代表不同的個性，這是不言而喻的。

看看吃相，就知道大致情況

觀察飲食的愛好與習慣，將能夠有效歸納出人的特質與性格。例如貪吃的人往往比較貪心，他們在潛意識裡用吃來填補這種慾望。

俗話說：「蘿蔔白菜，各有喜愛。」有的人喜歡吃素，有的人喜歡吃葷，這似乎沒有多少道理可言。然而，最近美國的行為心理學家透過研究發現，一個人的個性與口味有著很密切的聯繫。

● 喜歡吃米食

是不是喜歡米食，與出生的地域有一定程度的關係。如果先將這個問題摒除不談，在同樣的條件之下，如果一個人很喜歡吃米食，那麼這個人可能屬於自我陶醉、孤芳自賞型。他們對人對事處理都比較得體，比較能夠通融。但是，這種人互

助合作的精神通常也比較差。

• 喜歡吃麵食

吃麵食也與出生地與生長的環境有一定的關係，但同樣摒除這個問題不談，如果一個人喜歡吃麵食，往往能言善道，喜歡誇誇其談，而且不會考慮後果和顧及所帶來的影響。這種人的意志不夠堅定，做事常常會半途而廢。

• 喜歡吃油炸食品

喜歡吃油炸食品的人，大多具有冒險精神，有闖蕩一番事業的願望，但是這種人抗壓性較差，一旦受到挫折就會灰心喪氣。

除了對於食物類型的偏好之外，飲食習慣也能顯現一個人的人格特質。有的女性比較喜歡吃東西，有的甚至一見東西就想吃，什麼東西都可以。這樣的女性很喜歡也很適合當個專職的家庭主婦，她們成天都在為吃而操心。貪心的人如果用吃來填補自己的慾望，倒也不失為一個上上之策，總比讓他們攪的天下不得安寧得好。

極度貪吃的人看到食物就想吃，只要飯菜擺在桌子上，不管有沒有其他人在

場，都會毫不客氣舉起筷子先吃爲快。只要有吃的東西，他們都會很開心，在飯桌上可以忘記一切。

由於喜歡吃，所以身體常常發福，原本很合身的衣服，到後來連鈕子都扣不上了，對此他們也感到十分著急，但就是控制不了自己的食慾。有的醫生認爲這樣的人可能是患了精神性食慾過度的疾病。

很多調查資料顯示，這樣的人往往比較貪心。他們在潛意識裡用吃來塡補貪心的慾望。這種人必須充分了解自己的人品和性格，進而找到一個更好的方法來化解潛在的心理需求。

瞬間讀懂對方的心理密碼

一個人的個性與口味有某種程度的關聯性，觀察飲食的愛好與習慣，將能夠有效歸納出人的特質與性格。

嗜甜男女享受生命

女人與男人一樣，在吃甜食的時候，也一邊體味著人生的真諦。甜美的食物是一個重要組成部分，憑此享受美好的生活。

中國有句成語「秀色可餐」，有的人很喜歡吃甜食，一見到甜食心裡就非常高興。他們認爲吃甜食就像與異性親吻一樣，所以說食色相通，這句話是有道理的。

甜食的性質溫和，能夠有效調整人的情緒。經常吃甜食的人，性情自然比較溫和。那些很容易狂怒的人如果多吃些甜食，脾氣就會漸漸轉好。

• 男人嗜甜——好色

很多女士都喜歡性情溫和的男人，道理其實很簡單，沒有一個正常的女人情願與一個凶狠的男人共同生活，男女之間無不希望過得甜甜蜜蜜，感情如膠似漆。愛

吃甜食的男人性情溫和，經常能夠得到女性的青睞。當然，這種人也可能很會說甜言蜜語，因而獲得了女性的好感。

至於喜歡吃霜淇淋的男人，則有喜好追求女性的傾向。心理學家研究發現，男人在吃光滑細膩的霜淇淋時，就好像在親吻女性的蜜唇，這是一種移情的表現。古人曾把女性比喻為「冰肌玉骨」，看來是很有道理的。

實事求是地說，喜歡女性並不是什麼罪過，但是如果超越了界限，或以此為榮，這就很難說了。

如果有人以與女性偷情為快事，這是非常危險的行為。除了「慣犯」之外，一般的偷情者，常常都是膽顫心驚的。他們之間雖然也會產生歡樂，但是這種歡樂往往難以補償他們所受到的驚嚇。

● 女人嗜甜——純真

女人與男人一樣，在吃甜食的時候，也一邊體味著人生的真諦。甜美的食物是一個重要組成部分，憑此享受美好的生活。

對於這樣的女性而言，甜食就像生活中的空氣和水，沒有甜食，她們的生活就

會枯燥無味，焦躁不安。

喜歡吃甜食的女性往往孩子氣十足，只要稍不如意就會耍任性、鬧彆扭。這樣的女性常常想哭就哭、說笑就笑，給人天真直率的印象。

如果希望請這樣的女性辦什麼事情，最好的辦法是採取誘導的方式。誘導的方式有很多，例如許願、引誘、激將……等等都可以，如果採用理性的方式試圖說服她們，可能會適得其反。

這種女性不大適合需要嚴謹工作態度才能做好的事情，她們比較適合從事演藝、時尚、服務這一類職業。

喜歡吃甜食的人通常熱情開朗、平易近人，但是平時有些軟弱或膽小，缺乏冒險精神，做事情很難有所突破。

217

從用餐速度看行事態度

從進食的速度能夠清楚分析人格特質與行事風格。吃飯速度快的人往往比較俐落急躁，細嚼慢嚥的人則較為溫和細膩。

「男人吃飯如虎，女人吃飯如鼠」是中國的一句古話，意思是說，男人吃飯很快，女人吃飯很慢。當然，就男女對比而言，這是比較準確的。

但事實上，同是男人或同是女人，吃東西也有快慢之分。

• 狼吞虎嚥——看重結果

有的人吃東西就像參加體育競賽，不管在什麼場合都要比別人快許多，特別是在人少的情況之下，吃東西更是狼吞虎嚥，在其他人還沒吃幾口的時候，就結束了「戰鬥」，離開餐桌。這種人常常只關心自己是否吃飽，至於飯菜的味道與品質則

不是他們關心的重點。一般來說，吃飯快的人，做事也很快，這與現在世界快節奏的潮流正好合拍。

有這種飲食習慣的客人經常會讓請客的主人措手不及，因為菜都還沒上完他們就已經吃完了。主人有時會被這些慌亂惹得心情不愉快，但多數的情況下會被他們的乾淨俐落沖淡。因此這種人儘管吃東西比較快，但精明能幹、生氣活潑，還是能夠給人留下十分深刻的印象。

吃飯很快的人認為，吃飯與汽車加油一樣，為什麼要慢吞吞的呢？既然汽車加油的過程沒有必要變換花樣，那麼吃飯為什麼要變換花樣呢？

這種人在上司面前往往比較吃得開，這是因為很多上司都比較看重結果而不太重視過程，因此通常比較喜歡這種很快就可以得出結果的人。因為，只要能夠達到目的，過程越簡單越好，不需要太複雜。

吃飯很快的男人往往會是工作狂，做起工作來常常像是不要命了一樣，總想儘量在最短的時間內完成自己該做的事情。當然，這種人的手中經常有做不完的事情，而手裡一旦有一件事情做不完，他們就會感到心緒不寧，非得要完成不可。

吃東西快的男人通常是屬於貓頭鷹型的人，總喜歡開夜車。做這種人的妻子大

多很辛苦。他們為了成就自己的事業，對於妻子或家庭很少付出關心，所以他們經

常出現家庭問題。

這樣的人應該注意自己的身體，留意工作與休息的平衡關係，特別要關心自己

的妻子、照顧好家庭，而且吃飯的速度最好不要過快，因為這不合乎健康的要求，

對身體將帶來負面的影響。

● 細嚼慢嚥——善於應酬

有的女性吃飯特別慢，面對豐富的或者簡單的飯菜往往不動聲色，先細細打量

桌子上的食物，再慢慢地準備好餐具，或只是靜靜地坐著，有時先為自己準備一杯

飲料。經過一番周全的準備工作之後，她們才開始吃飯，而且吃得非常仔細，就像

在欣賞藝術品。

對這樣的女性而言，填飽肚子是次要的目的，吃的過程才是重要的環節。這種

人正好與吃飯很快的人相反。

這樣的女性往往比較善解人意，因為她們會把品嚐食品的功夫應用到生活當

中，讓生活變得十分細膩。

她們能夠很準確地洞察對方的內心世界，一般來說，女性的第六感高於男性，這種女性的第六感更是當中的佼佼者，比較適合從事外交、公關等方面的工作。

作為家庭成員，做菜是她們的拿手好戲，會將簡單的食材變化出很多花樣，也會讓整個家庭和諧美好。

細嚼慢嚥的女性有辦法把身邊的事情安排得有條不紊，是典型的賢妻良母。一個男人如果娶這種女性為妻，可謂三生有幸。

瞬間讀懂對方的心理密碼

從進食的速度能夠清楚分析人格特質與行事風格。吃飯速度快的人往往比較俐落急躁，細嚼慢嚥的人則較為溫和細膩。

過與不及，都不是好事

過與不及都不是好事，保持良好的飲食習慣、定時定量不過度挑剔，才能維持身體的健康，同時心境也會隨著平和開朗。

吃飯是一件大事，千萬不要小看吃飯的重要性。

然而，有的人對飲食比較隨便，常常早一頓、晚一頓，或飽一頓、餓一頓。之所以出現這種狀況，有時候是因為懶惰，或是因為過於忙碌，但不管是什麼原因，都是不正常的表現。

女性在這方面的狀況，似乎特別嚴重。

飲食不規律的女性往往憑著情緒處理事情，生活的彈性很大。這樣的人不會太守時守約，如果邀請她們赴宴，她們至少會遲到個幾十分鐘，甚至更久；委託她們

辦事，往往需要多加叮嚀，每隔一段時間就要提醒一次，否則她們會忘得一乾二淨。

飲食隨便的女性通常比較任性，往往以自我為中心，一般不會太顧及別人的感受。但這是指她們在日常生活中的表現，在工作中則會是另一種樣子。對於上司安排的工作，她們會盡力去完成。

這樣的女性不屬於享樂型，所以在常常拚起來就不要命，因此能夠得到上司的青睞和重用，具有女強人的特質。

飲食隨便的女性大多很有個人特色，她們很少把心思放在飲食上，只是在心頭想著更重要的事情，因而對飲食顯得不怎麼講究。

相反的，有的女人就非常挑食，這也不好，那也不吃。明明很多東西吃了其實也無所謂，但她們就是要挑三揀四。

挑食是一種選擇的過程，經過如此長期的鍛鍊，這方面的能力就會逐漸發展起來，因此這樣的女性第六感往往很發達，常常憑著直覺判斷事物。

挑食的女性有比較強的鑑別能力，無論是對人還是對物，她們都有一套選擇的標準。這樣的女性通常不會買劣質品，會挑價廉物美的東西購買。

這種女性有比較豐富的食品知識，舉例來說，動物的內臟不應多吃，除了不喜

歡腥味之外，高膽固醇含量是主要原因，吃多了對心血管將帶來不良的影響，挑食

的女性甚至會舉出例子說，某某名人就不吃動物的內臟。

她們在吃的方面有很多忌諱，有時候可能是因為太講究衛生，有蟲的不乾淨不

能吃、沒蟲的撒了農藥不能吃，她們還認為油炸的食品不能吃、加糖的食品不能

吃、含鹽量高的食物不能吃、隔夜的食物不能吃等等，但真的有這麼嚴重嗎？

雖然她們這一連串的顧慮，很多都是有科學依據的，例如她們知道長期使用鋁

製品會導致老年癡呆症，但如果有一天科學研究證明，各種器都會引起某種疾病，

那麼是不是要用手抓取食物呢？

如果一個人到了什麼都害怕的地步，還有什麼創造性可言？

這種人很適合當醫生或是從事餐飲業，可以成為這方面的行家，但是在發明創

造方面就可能稍嫌不足。因為對這個世界實在是太挑剔了，充滿了各種危機感，因

此很難有所創新或是突破。

我們可以透過這種方法瞭解一個人的個性，但是並不主張養成挑食的習慣。如

果有這種習慣應該儘量改正，飲食習慣改變了，挑剔的個性也會跟著變化。

過與不及都不是好事，保持良好的飲食習慣、定時定量，不過度挑剔，才能維持身體的健康，同時心境也會隨著平和開朗。

瞬間讀懂對方的心理密碼

飲食隨便的女性通常工作十分賣力，但以自我為中心，不太顧及別人的感受。

挑食者則對這個世界太過於挑剔，充滿了各種危機感，因此很難有所創新或是突破。

男性的飲食與性格特質

喜歡吃水果的男人往往從別人的言語和行為中察覺出一般人難以發覺的言外之意，就好像能夠從甜甜的蘋果中，體察出一絲絲的酸味。

從男人的飲食習慣與愛好，能夠進一步認識他們的個性與思考模式。

* 挑食——個性固執

從科學的角度來說，挑食是一種不好的行為，每一類食物均衡攝取才能獲得身體所需的各種營養。

挑食的人喜歡挑肥揀瘦，這也不吃那也不吃。他們不是因為吃了這些東西會讓身體變得很好或是很壞，往往是心理作用的影響，慢慢慣出壞脾氣。

這種男人往往比較固執，他們會為了某些一點都不值得爭論的事情與人爭得面

紅耳赤。在一般人眼裡那些事沒有什麼太大的價值，但他們卻認為至關重大。

他們有一個一般人沒有的優點，就是較強的選擇能力，心思往往比較細膩，凡是經過精心挑選的東西，無論是職業、房子、情人或是妻子，通常都會很不錯。完美主義很累，這是很多心理學家都反覆指出的事實。世界上很少有絕對完美的事情，挑食的男人往往追求完美，也經常被完美所累。

• 愛喝湯──生活被動

有的男人因為酒力不如人而感到慚愧，所以他們不斷地喝湯，利用這種方式來掩飾自己酒力不如別人的事實。

這樣的男人，不光在酒桌上如此，在生活中也是如此，他們常常認為自己矮人一截。這種自卑感在人際交往、為人處世方面會不時表現出來，正因為如此，這樣的男人常常與機會擦肩而過，最終一事無成。

在愛情方面，愛喝湯的男人好像也很不順利。他們雖然渴望愛情，也擁有令人羨慕的財富和地位，但是由於總是常常處於被動的地位，所以最終不得不成為「被愛情遺忘的角落」。

湯其實是個好東西，很多營養都溶解在裡面，但卻總是讓人視為副餐。喜歡喝湯的男人與湯一樣，往往被別人看成次品。這種人喜歡繁華落盡的寧靜，喜歡一天工作之後回到屬於自己的個人天地裡。

愛喝湯的男人有一點特別值得留意。從外表看，他們的個性內向、不善言詞，因此一般人不會對他們有所猜忌，但事實上，他們經常會在暗中盤算著別人，因此，有時候這種人會突然脫穎而出。

● 愛嗑瓜子——心情寬鬆

愛嗑瓜子的男人，通常肚量比較大、心情比較寬鬆、言行比較隨意，屬於和善且又經常面帶微笑的人。

心理學家們研究指出，笑容是一種高投資報酬率的感情投入，投入越多，收穫就會越多。對於笑容有很深體會的人一定懂得這個道理，所以他們常常逢人便笑，往往得到很多善意的回應。

笑所表達的意思難以用語言表達，對人嫣然一笑，即使是很複雜的想法也可以表達得淋漓盡致。因此，一個人能夠笑口常開，就會向人們顯示他們樂天安命，知

足常樂。笑容就如同門上掛著的一束橄欖枝，向人展現和善與友好。

一般來說，友好的笑容是不會得罪人的。嗑著飄香的瓜子，時而輕輕地微笑，時而開懷大笑，自然能將愉快的感情傳遞給他人，更為有益的是，能夠因此留給對方深刻的印象。

笑是一種自信的表現，可以表示胸有成竹，也可以表示歉意的解嘲。笑可以化腐朽為神奇，建立起人與人之間的心靈橋樑。愛嗑瓜子的男人常常以笑聲去征服別人，讓對方在毫無壓力的情況下產生敬畏之情。

• 愛吃水果——好悟性

研究顯示，喜歡吃水果的男人愛聽奉承恭維的話。

這樣的人往往很敏感，能夠很隨意從別人的言語和行為中察覺出一般人難以發覺的言外之意，就好像能夠從甜甜的蘋果中，體察出一絲絲的酸味。

他們常常會把別人的忠告或善意的教誨進行加工分析，看看是否別有用心。這種人會很認真地聽取別人的意見，但是並不等於他們會聽從。

他們很理性，通常不會憑著第一印象評價一個人，也不會憑著直覺判斷是非曲

直。不管對方給他們留下多好的第一印象，都不會很簡單地相信別人，要看對方是否有真才實學，是不是能夠有所建樹，如果答案是肯定的，他們才願意相信。

這種人不能容忍重複犯錯，如果自己出錯，第一次可以原諒，第二次就不能容忍。對於別人也是如此，只給人一次犯錯的機會。

此外，愛吃水果的男人通常會得到上司的青睞，升遷的機會頻繁。他們懂得見風轉舵，瞄準機會向上攀登。這種人適合在仕途上尋求發展。

瞬間讀懂對方的心理密碼

挑食的男人往往比較固執，喜歡喝湯的男人比較被動，愛嗑瓜子的男人通常肚量比較大，愛吃水果的男人懂得見風轉舵……從男人的飲食好惡可以解析他們的心理特質。

大部分喜歡埋頭苦幹，但是不太重視人與人之間的感情，有時還顯得有點虛偽。

喜歡吃酸的人比較有事業心，但是個性孤僻、不善交際，遇事喜歡鑽牛角尖，很少有知心朋友。

在她們的心目中，不喜歡林黛玉的「一年三百六十日，風刀霜劍嚴相逼」，也不喜歡王熙鳳那種「明是一盆火，暗是一塊冰」，她們往往敢作敢為，還會成天迷戀著幻想中的白馬王子。

這種女性愛恨分明，她們可以放聲大哭，也可以朗聲大笑；她們會為古人落淚，也會為社會的不平而大聲吶喊。這種女性有女人的溫柔，也有男人的雄渾，十分可愛。這是口味與個性的統一。

口味重的女性善於思考，比較有主見，常常是吃軟不吃硬，但有時喜歡挑剔別人身上的小毛病。

● 愛吃零食——心直口快

有的女性非常喜歡吃零食，只要是她們醒著的時候，嘴巴就不會停下來，常常是一邊說話一邊吃東西。

因為常常邊吃邊說，所以這樣的女性往往話比較多，但是她們都是有口無心、為人正直、值得信賴，但卻又總是口無遮攔，給人一種心直口快的印象。

這種不停吃東西的行為，其實是一種孩子氣的表現，所以有些男人認為女人就像個孩子。但另一方面，男人也認為，愛吃零食的女人視野比較狹窄，不能參與激烈的競爭。不論是重口味還是愛吃零食，女人在口味與個性上的統一，就建立在這兩個飲食特質之上。

瞬間讀懂對方的心理密碼

男人與女人的飲食習慣大不相同。大部分女性在飲食方面帶給人兩種印象：重口味與愛吃零食，這兩點與女人的性格特質息息相關。

愛喝咖啡讓人自命不凡

愛喝咖啡的人總是擺出高高在上的姿態，他們的周圍是人緣的沙漠，很少有人願意輕易涉入其中。

喜歡喝咖啡的人往往很重視情調，但言詞卻咄咄逼人，好像只有自己才是英雄。由於他們蔑視一般人且極度自信，所以也不被常人理解。按理說，這樣的人有能力取得更大的成就，但是因為他們的自命不凡，所以經常會失去競爭的機會。一旦失意就會怨天尤人，感嘆「世態炎涼，人心叵測」。

這種人最大的弱點，就是一輩子只能生活在自己的圈子裡。他們無論面對什麼人，總是擺出高高在上的姿態，不能低頭與人親近。即使是好朋友、好同事乃至於夫妻之間，這種傲視一切的神態也不會有什麼太大的改變。

這種人喝咖啡就像有酒癮一樣，只要喝下一杯咖啡，他們就會滔滔不絕地發表自己的高見，根本不管聽眾是不是願意聽。有人認為，這種人的周圍是人緣的沙漠，很少有人願意輕易涉入其中。

美國范德比爾特大學的馬丁教授認為，咖啡中含有許多對於大腦健康有益的成分。馬丁教授透過將近二十年的研究證實，每天喝二到四杯咖啡，對大腦有益。完全不喝咖啡的人，比適量喝咖啡的人更有可能罹患大腦方面的疾病。

除了能夠預防疾病，咖啡中的咖啡因還能啓動中樞神經系統，可用於製造長效鎮痛物質，治療困倦、傷風感冒、哮喘和水腫。

馬丁教授之所以認為咖啡是大腦的好朋友，還有另一層原因，那就是咖啡能夠預防癡呆。咖啡中含有抗癡呆症的物質，這種物質能夠減少有害物對於身體的影響，有助於防範一些疾病。雖然結論讓我們頗感意外，但卻是一個好消息。

咖啡還有很多其他正面的功用。咖啡中含有大量維生素，這些維生素是幫助大腦學習與記憶的能手。科學家進行的實驗顯示，如果老鼠飼料中缺乏維生素B1，牠們就會出現被動迴避反應能力喪失，其中五十％的老鼠會喪失記憶能力。如果及

時補充維生素Ｂ１，牠們的記憶力就能夠快速恢復。如果缺乏維生素Ｂ１，動物體就會主動抑制「乙醯膽鹼」的合成，進而影響到學習與記憶能力。

荷蘭科學家曾經做過一項試驗，試驗前讓受測者喝下含有三十二毫克咖啡因的咖啡，實驗證實受測者的閱讀速度提高，頭腦也變得更加清醒。所以如果想要刺激大腦記憶體運作的速度、提高工作效率，最好提前半個小時喝一杯咖啡。但是，咖啡不能喝得過多，否則會產生依賴反應，久而久之還會成癮。一旦上癮，想要戒掉可就不容易了。

瞬間讀懂對方的心理密碼

愛喝咖啡的人，與其說他們在喝咖啡，倒不如說他們在品嚐人生的苦味。這樣的人往往自視甚高，自認為看透了人間種種，不太能夠客觀、實事求是地評價自己。

邊吃邊說，是一種不尊重

不管是多高深的見解，多華麗的詞藻，如果在不恰當的場合，對著不適當的對象發表高論，到頭來只會以失敗告終。

吃東西的時候不講話，已經成為人們約定俗成的習慣，中國就有「食不言」的說法。如果因為日理萬機而必須在飯桌上談公事，那自然另當別論，但即使必須在進餐的時候談話，也不要講得太多。

有的人經常把飯桌當成會議桌，一坐到飯桌上就特別愛說話。面對一道道香味四溢的佳餚，其他人都希望能夠立刻舉箸開食，但這種人卻打開了話匣子，開始高談闊論，即使大家都沉默不語，沒有人搭話，他也沒有絲毫收斂。

這種人好出風頭、好高騖遠，大都比較浮華，表裡不一，經常給人一種不舒

237

服、不可靠的感覺。

華人特別不喜歡在吃東西的時候講話，制定過許多規矩，其中就有「食不言，寢不語」，要求人們在吃東西的時候不要說話。中國人認為吃東西的時候就該專心吃東西，該講話的時候才要講話，如果一邊吃東西一邊講話，就會影響別人進食，對別人是一種不尊敬。

一般人在說話的時候都很在意聽眾多寡，但喜歡在吃東西的時候講話的人通常是不管有沒有人聽，都會喋喋不休地說個不停。

事實上，不管是多高深的見解，多華麗的詞藻，如果在不恰當的場合，對著不適當的對象發表高論，到頭來只會以失敗告終。

但是，這種人有著比較聰明的頭腦，而且非常善於揣度女性的心理，對於女性的興趣和愛好，他們經常能摸得一清二楚，並隨時隨地給予最大限度的滿足。在女性面前，大多很受歡迎。

由於這種人愛表現，所以成功的機會也比較多。

他們的運氣似乎也特別好，一步一個台階，一年登上一個層次，好運幾乎每年

都光顧他們。這種人的仕途順利，總是在短時間內就走完其他人幾十年才能走完的路程，令人羨慕。

瞬間讀懂對方的心理密碼

對吃東西的時候喜歡講話的人而言，很多來得容易的東西，往往去得也很容易，因為他們浮華的個性，必然會導致大起大落。「無名無利過殘生，冷冷清清無人問」，經常是這種人晚年淒涼生活的絕妙寫照。

獨自進餐的男人自尊又固執

他們不與陌生人同坐一桌，人多的時候，即使有空位也寧願站著不跟別人坐在一起。這些都充分地表現出他們的固執和高度自尊心。

在集體進餐的餐廳中，我們可以透過進餐的方式判斷一個人的個性。

有的人總是晚幾十分鐘進餐廳，這時的餐廳裡往往人比較少，但是他們依然覺得那些寥寥無幾的進餐者影響了進餐的安寧。在這種人的潛意識裡，覺得吃飯就像床第之事一樣，純粹是個人的事情，希望能夠盡量避免受到打擾。

在可能的情況下，他們絕對不會與陌生人同坐一張桌子。在人多的時候，即使有空著的座位，他們也寧願站著不跟別人坐在一起。奇怪的是，如果他們「不幸」與別人坐在一起，偶爾發現別人碗裡有跟自己相同的菜，他們也會食慾大減，有時

甚至不吃。這些都充分地表現出他們的固執和高度自尊心。

這種人最喜歡的活動是垂釣，可以兩眼盯著波紋不動的水面，聽著草中的蟲鳴，看著水裡的浮標，一待就是好幾個小時。他們其實不是在釣魚，而是與大自然進行無聲的交流，靜靜地傾聽天籟之聲。

在人際關係方面，他們常常分得很細微。在家庭裡面，是十足的模範兒子、模範丈夫、模範父親等等。他們對每一個家庭成員的各個方面，可以說是關懷備至。他們在家裡面很有權威，在社會上得不到的東西，在家庭裡全部可以得到滿足。因此，這樣的男人是當丈夫的最佳人選，但當公眾人物就不太適合了。

瞬間讀懂對方的心理密碼

獨自進餐的男人最害怕的事情就是與人交往，他們不願或不敢當眾說話，正因為如此，往往也不善言詞。一般人覺得比較有趣的話題，他們卻覺得很乏味，因此很少去參與集體活動。

「扮相」比
長相更重要

不同社會背景對服飾的要求有所不同，
俗話說「人配衣服，馬配鞍」、
「三分長相，七分打扮」，相當有理。

「扮相」比長相更重要

不同社會背景對服飾的要求有所不同，俗話說「人配衣服，馬配鞍」、「三分長相，七分打扮」，相當有理。

服飾有三大功能：蔽體、禦寒和展示。前兩者屬於生存需要，後一種則可以反映出一個人的性別、年齡、民族、職業、愛好、個性，價值觀等。

梳妝打扮，塗脂抹粉，與服飾一樣，足以充分表現一個人的內心世界。

好好地梳妝打扮，可以美化自己，表現自己的想法，在一些特定場所，還可以幫助實現交際目的。

俗話說：「什麼將軍打什麼旗號，什麼老者戴什麼帽。」不同的人，穿衣戴帽是有區別的。一般來說，男士服裝的特點是威嚴莊重，款式相對穩定，因為傳統觀

點認為，有見識的人最好能避免在服飾上標新立異。

女性的服裝，主要著重於突出自身體型的魅力以吸引異性，因此合身的衣裙在女性之間相當流行，認為是美的表現。當然，不同社會背景對服飾的要求也有所不同，國際上有一個普遍通行的原則，簡稱為「TOP」。

「T」指的是時間，要求隨季節和氣候的變化決定穿著，不能不顧及社會規範，只強調個性，追求新奇。

「P」指的是地點，要求穿衣戴帽應與地區和場合相適應，不分地點場合亂穿衣服，有違社會規範。

「O」指的是對象和目的，即將見到的對方是什麼人，出於什麼樣的交際目的，都必須釐清，以此決定對穿衣戴帽的選擇。

俗話說「人配衣服，馬配鞍」、「三分長相，七分打扮」，相當有理。

下面是有關穿衣的經驗總結：

1. 喜歡穿超越社會時代的衣飾，內心多有優越感。

2. 喜歡穿寬大衣服的人，具有個人表現慾望。

3. 喜歡打純色或華麗色調領帶的人，自信且自傲。

4. 喜歡樸素衣著者較能順應社會，但比較缺乏個性。

5. 喜歡整體樸素，但某一部分比較講究者，表面看起來相當順從，內心卻有自己的看法主張。

6. 明明知道服裝不適合自己，仍拚命追求的人，實際上相當孤獨。

7. 不關心流行服飾的人，個性強硬，但可能有些自卑，缺乏靈活性。

8. 服裝「一天一個樣」的人，情緒不穩定，有逃避現實的傾向。

9. 若服裝突然改變，多代表心理也發生大轉變。

瞬間讀懂對方的心理密碼

美國前總統卡特很喜歡穿牛仔裝，即使出席白宮會議也一樣，說明他率性坦然。

而耐人尋味的是，不少黑手黨人喜歡穿藍色粗條紋西服，因為這種顏色表示安定，深刻反映出本能上對安穩生活的渴望。

從化妝的用色看性格

橙色的唇膏給人溫柔、親切的感覺。喜歡這種顏色的女性能夠自我控制，具有優秀的判斷力，以職業婦女居多。

從一個女性化妝時所喜歡的顏色，也可看出隱藏的個性特點：

- 粉色

粉色是最能表現純情和女性之美的顏色。

第一次約會時使用這種顏色唇膏的女性較多，喜愛這種顏色的女性擅長讓男士喜愛自己，對戀愛抱有很大的期待，即使平時寡言、不顯眼，一旦陷入戀愛，便會發生大膽的變化。

- 紅色

紅色唇膏使嘴唇更為突出，充分表現成年女性的風韻，沒有自信的女人，多半不會使用這種顏色。

- 橙色

橙色的唇膏給人溫柔、親切的感覺。喜歡這種顏色的女性能夠自我控制，具有優秀的判斷力，以職業婦女居多。

她們在戀愛方面，具備獻身精神，在家庭中可成為賢妻良母，可一旦被對方背叛，則可能產生強烈的報復慾望。

- 褐色

這種顏色有種沉穩、安靜的魅力。喜歡此顏色的女性，多對自己的感覺抱有自信，能使化妝和服裝漂亮地搭配在一起。對流行相當敏感，對工作和戀愛的自我要求都很嚴格，能採取冷靜的態度看待、評估事物。

此外，對男性有敏銳的觀察力，理想較高。

- 紫色

自我表現慾望很強，期望展現出被修飾過的自己。

一般化妝較濃，在髮型和服裝上也著重引人注目。重視自己的個性，不喜歡平凡的生活方式，給人難以接近、不易被引誘的感覺，但是另一方面也具有讓男性喜愛的不可思議魅力。

● 珍珠色

喜歡用此顏色的女性，自我主張明確，有個性和熱情，希望坦率地面對自己的慾望，自由地享受生活，想做什麼就勇敢去做，不刻意隱藏。

在戀愛方面，討厭受男性束縛，期待冒險，很有主見。這類型女性很多易被比自己年少的男性所吸引。

瞬間讀懂對方的心理密碼

透過對化妝品顏色的選擇，女性會不自覺地表現出自己隱藏的個性或潛意識，非常值得男性注意。

觀察首飾，也是了解人的好方式

身上掛著成串的紅寶石、綠翡翠，實際上全是贗品。這種人把自己的外貌放在非常重要的位置，也可能對生活要求甚高，但實力欠佳。

美國紐約知名心理學家伊莉尼醫生認為，透過觀察女性佩戴的首飾，不僅能看出她的愛好和眼光高低，還可以反映出她的個性。

- 金首飾

全身戴滿了金戒指、金耳環、金手鐲、金項鍊的人，往往頗有自信心、個性外向，並對人友善。如果只有少許金首飾，如一對耳環、一條項鍊，或只是一只金錶，則說明有欣賞好東西的品味，但不太外向，相當注意對自己的約束，不是一個態度隨便的人。

- 銀首飾

喜歡戴銀首飾的人，相當注重秩序，做事喜歡按照事先制定好的規則，尤其是每天必須進行的例行工作，而不喜歡突然使人驚奇。

- 家傳首飾

有些女性喜歡配戴家傳首飾，如舊手鐲、舊式耳環和戒指，或古老的胸飾，而不去買現代的首飾，身上絕無新潮的飾物。這類型的女性多半熱衷家庭、忠於家人，對朋友也非常忠誠。

- 誇張的首飾

喜歡戴很大的首飾，比如大耳環、大胸針、大顆的彩色假寶石等，大多是無憂無慮者，很有幽默感，喜歡在眾人中突出自己。她們大多受人歡迎，也樂於助人，能與人和睦相處。

- 藝術品首飾

有人喜歡買手工做的首飾，或是自製的飾物，每件都要求與眾不同。這類人具有創造性，如果向文藝、戲劇方面發展，會有相當不錯的成就。

- 宗教飾物

有人喜歡配戴小十字架或其他具宗教意味的小飾物，這種人有深切的內在力量，對自己的素質引以為傲。為人實際，不擺架子，不僅不希望有炫耀成分的飾物出現在身上，更不願意佩帶假首飾。

- 假首飾

身上掛著成串的紅寶石、綠翡翠，看起來漂亮，實際上全是贗品。這種人把自己的外貌放在非常重要的位置，也可能對生活要求甚高，但實力欠佳。

瞬間讀懂對方的心理密碼

首飾是一個人用以表現自我、肯定自我價值的方式。可以說，那些喜歡佩戴名貴首飾的人，儘管自傲，卻也是相當自卑的。

西裝筆挺展現一絲不苟個性

男人需要氣質，應該展現出瀟灑的味道。喜歡西裝的男人懂生活、重品質，同時也比較墨守成規。

西裝的造型端莊、瀟灑大方、舒展適體，在世界各地都相當流行。有的男性對西裝比較喜歡，常常都是西裝革履。之所以如此，是他們認為西裝比較有品味，最能夠表現自己的身份和地位，以及陽剛之氣。

對於穿衣，法國人有這樣一句名言：「該穿什麼，就穿什麼。」與中國諺語「是什麼將軍打什麼旗號，是什麼老者戴什麼帽」如出一轍。

喜歡穿西裝的人，對此堅信不疑，很捨得花大錢去買名牌西裝，因為他們認為既然要穿，就得穿出樣子來。

他們對於把西裝當工作服的人，向來瞧不起，認為縐巴巴的廉價西裝，給人一種頹唐的印象，既沒有品味，也沒有美感。

男人需要氣質，應該展現出瀟灑的味道。喜歡西裝的男人懂生活、重品質，同時也比較墨守成規。這樣的人能給上司和同事一種較穩重的印象，因此在事業上通常比較成功，也較容易得到女士的青睞。

按照一般的習慣，穿西裝就應該打領帶。

不言而喻，領帶是西裝不可缺少的良伴，一條合適的領帶，足以完整表現出一個人的風度和氣度。

事實上，領帶除了具有裝飾作用，還是時代潮流與個人個性的最好反映。

十九世紀，在藝術家當中，很流行展現出豐富情感的「大花」領帶，而現代的領帶則更加五花八門。生性靦腆的男人比較喜歡又短又小的領帶，至於年輕人則喜歡昂貴的名牌領帶。

愛用領帶點綴形象的男士，往往具有很強的活力，喜歡各種各樣的新潮款式。

一九八六年，時任法國總理的法比尤斯與前總理希拉克舉行一場選前電視辯

論。輿論普遍認爲法比尤斯佔有明顯的優勢，因爲他的口才很好，又有比較豐富的經驗。可是最後，反倒是希拉克取得了勝利。

專家分析認爲，法比尤斯之所以吃敗仗，在於衣著上出了大問題。他在螢幕前穿的是淺灰色西裝，給人的感覺比較灰暗，不太有精神。此外，他的襯衣和領帶與西裝搭配不上，這就使形象大打折扣。

由此可見，領帶與衣服的搭配非常重要。

瞬間讀懂對方的心理密碼

經常繫領帶的男士一般比較注重細節，多能成大事，但可別拘謹過頭，給人呆板的印象。

不同服飾代表不同個性

確實，牛仔裝已經成為正規服裝中的調味品。一旦男人穿上牛仔裝，奔放不羈的個性就會充分地顯示出來。

夾克，幾乎可說是男人的專利。

男人穿上夾克，的確可以以不變應萬變。細心觀察，會發現各種各樣的夾克，足以教人感到眼花撩亂。

正因為夾克的樣式很多，可以滿足不同類型的男人，因此在男人的世界相當風行。年輕人、老年人都適合，年輕人穿上夾克，顯得很有活力，老年人穿上，則顯得神采奕奕。喜歡穿夾克的男人，沒有穿西裝的男人那樣拘謹，沒有穿中山裝的男人那樣嚴肅，也沒有穿牛仔裝的男人那樣自由。

穿夾克者，個性多自然樸實，自信且達觀。

休閒服本來是居家或節假日郊遊的便裝，現在已經成為外出、上班、約會也可以穿的服裝了，特點是比較寬鬆、自在。

喜歡穿休閒服的男人，比較熱愛趕新潮，愛時髦，對於花樣翻新的休閒服可說情有獨鍾，無論在家還是外出，往往都穿同樣的服裝，以吻合自己悠閒的心理狀態。

穿休閒服的男人不如穿西裝的男人莊重，不如穿夾克的男人含蓄，不如穿牛仔褲的男人瀟灑，但這種服裝正足以表現他們隨意的個性與生活態度。

喜歡休閒裝的人喜愛追求浪漫、輕鬆的生活，堅信百年人生轉瞬即逝，倒不如輕鬆相對，笑談相迎。

這種人在辦公室裡總是不能安分守己，比較適合從事記者、教師、作家等職業。他們不大希望轟轟烈烈地過一生，只希望輕鬆度日，當一個「有閒階級」就好，信奉的人生信條是「別活得太累」。

但要注意一點，若是浪漫過了頭，脫離現實，那就不好了。

當今世界，牛仔服裝已經在很多地方流行。特別是在西方社會，上至總統、總

理，下至一般百姓，乃至街頭的市井無賴，都對牛仔衣、牛仔褲特別鍾愛。

確實，牛仔裝已經成為正規服裝中的調味品。

一旦男人穿上牛仔裝，奔放不羈的個性就會充分地顯示出來。穿牛仔裝不僅僅是時尚的象徵，更重要的是方便、好搭配。很多問題，或許男性不在乎，女性卻相當在乎。有不少妙齡女性對這樣的男人很感興趣。不管怎麼說，這樣的男人是自由主義者，追求時尚，不拘細節，這一點毫無疑問。

T恤現在已經走向世界了，很多人都喜歡穿。T恤明亮的色彩，鮮艷的圖案，大大小小的色塊組合，的確給人們的生活增添了不少樂趣。

喜歡穿T恤的男人多較豪放，對生活充滿了希望。這種衣服本來是運動員的著裝，所以穿上這種服裝，常常會給人比較強健、活潑的感覺。

有人統計過，所謂的時裝大師很多都是男性，而時裝的消費者則大部分是女性。這是很有趣的現象：大多數男性愛穿比較灰暗的衣服，五顏六色的服裝多半是為女性所準備。

心理學家們對此進行分析，認為很多男性不敢穿花襯衫，是在自己的心目中有

257

這樣的刻板印象，認為花襯衫不夠陽剛。事實卻正好與認知相反，現實生活中，喜歡穿花襯衫的人，多顯得陽剛氣十足。

這樣的人是不甘沉默的，常常標新立異，總想引起世人的注目。有很強的創造力，是非常典型的男子漢。他們一般不會隨波逐流，如果有一天，大多數男人都穿上了花襯衫，他們一定會馬上改穿素色的襯衫。

穿花襯衫的男人喜歡無拘無束，自由奔放的生活。他們往往聰明伶俐，卻常常被人誤解，認為狂放不羈，不守規矩。

瞬間讀懂對方的心理密碼

可以說，喜歡穿著以上這些類型服裝的人，即使沒有運動員那樣的體魄，也多少會有運動員一般的心理特徵，比較隨性，相當有魅力。

用墨鏡隱藏心思

戴上墨鏡能把眼睛遮蓋起來，讓他人無法從看到瞳孔的變化，同時也隱藏自己的心思，顯得不好親近。

眼睛出了毛病就會戴眼鏡，這是很自然的事情，不過，透過眼鏡，往往還能夠看出一個人的個性。

有的人在與人說話的時候，總是將眼鏡戴上、摘下，又戴上。有些人甚至會有把一邊的眼鏡腳架靠近嘴邊或放進嘴裡的習慣，這些都是下意識的行為。

戴眼鏡的人做這些動作，潛在的目的是為了拖延時間，以便做出某個他們認為重要的決定。如果一時拿不定把握，還會不斷地重複使用這個動作，下意識地掩飾自己的緊張情緒。

在討論會上，也常常會出現以下情況：當一個人被迫做出某種決定時，會藉重複同樣的動作拖延時間。

這種摘眼鏡、戴眼鏡的動作，有時會產生一種特殊效果：講話的時候將眼鏡摘下，聽別人講話的時候又將眼鏡戴上，不僅會給聽話的人較平易近人的感覺，也幫助自己把握住發言的主導權。

當自己摘下眼鏡的時候，對方不會搶話頭，而自己戴上眼鏡的時候，對方就可以毫無顧忌地按照原定想法發言。

過去，許多人認為戴眼鏡者多半高傲、嚴肅，難以接近，其實不一定正確。產生這種認定的原因，可能是因為眼鏡本身。

眼鏡常常是讀書人的標誌，在有些人心目中，讀書人比較清高，所以把戴眼鏡的人與讀書人畫上等號。

另外，可以發現，越來越多人喜歡戴墨鏡。

戴上墨鏡能把眼睛遮蓋起來，讓他人無法從看到瞳孔的變化，同時也隱藏自己的心思，顯得不好親近。

成不必要的障礙。

鑑於這種情況，戴墨鏡的人與人交談的時候，應該主動把墨鏡取下來，以免造

瞬間讀懂對方的心理密碼

俗話說「眼睛是靈魂之窗」，因此，隱藏眼睛的變化，與隱藏自己的內心世界

沒有什麼區別。戴墨鏡的人，除了想要遮擋太陽光，最主要動機就是隱藏自己

的心靈，希望與別人保持距離，藉以讓自己的內心世界獲得暫時的安寧。

抓住「穿」出來的個性

有的女性對時下流行的時裝不輕易動心，在她們看來，不如簡潔樸素好。這樣的女性，一般都比較有主見。

女人多飄逸、柔美、輕盈，而裙裝的流動和瀟灑，正好襯托出她們的嬌柔風韻。裙裝最能夠展示女性的氣質和風韻，讓男性迷戀。

愛穿裙裝的女人，多是稱職的妻子和母親，這樣的女人會用一雙溫柔的手把整個家收拾得井井有條，窗明几淨。被丈夫孩子揉縐了的襯衣和長褲，她會在不聲不響中熨得平平整整。走到商店裡，她們會為孩子挑選最時髦最合身的服裝，像是練就了獨特本領，能夠準確判斷出哪種服裝適合男孩，哪種服裝適合女孩。

在事業方面，這樣的女人一般發展都比較順利，其中一個重要因素就是男上司

和男同事都喜歡欣賞女性的裙裝之美。在很多男性看來，穿裙裝的女人不是趕時髦，而是在認認眞眞地把自己打扮成一個純粹的女人。

也有些女性對時下流行的時裝不輕易動心，無論是迷你裙或新潮髮式，在她們看來，都不如簡潔樸素好。這樣的女性，一般都比較有主見。

當今社會，有不少女人會想方設法趕時髦，用各種各樣的服飾裝點自己，以便讓自己成爲一個「現代人」。著裝簡樸的女性則不然，她們明白，趕時髦的人往往較盲目，根本不明白自己到底要向何處去。

著裝簡樸的女性，喜歡用清新自然的方式打扮自己，多半能得到上司和同事的信任。這類型女性不僅工作踏實，感情更是純潔。

瞬間讀懂對方的心理密碼

與時髦的女人相比，還是樸素的女性來得實在，值得細細品味。

藉妝扮肯定自己

女性喜歡化妝，這是毫無疑問的。但是觀察後發現，很多青春少女並不注重化妝，而特別注重化妝的，常常已經是半老徐娘。

從外表上看，有人的長相美，有人的長相不太好看。譬如高鼻子、雙眼皮是美的標準。但是對於東方女性來說，由於遺傳方面的因素，很多人是不合格的。

長相不好看該怎麼辦呢？

為了美的需要，有些女人不怕痛苦，不怕花錢，決定走上美容這條路。

一般來說，敢於選擇美容的女人，渴望生活得更美好，相信明天會更好。這樣的女人，身上必定展現出蓬勃的生氣。

可以說，敢於美容的女性是生活的強者。她們不吝於重新塑造自己，畢竟不管

出於什麼目的，走進美容院，都是希望自己的外表獲得新生。

女性喜歡化妝，這是毫無疑問的。但是，觀察後我們會發現，很多青春少女並不注重化妝，而特別注重化妝的，常常已經是半老徐娘。這些女性化妝的目的，就是為了讓青春常在。

這樣的女人對化妝品特別留意，一旦聽說有新產品上市，特別是據說可以讓「青春永駐」的化妝品，多半不吝惜花錢嘗試。

這樣的女人多半信心不足，企圖靠化妝品為自己壯膽打氣。

不過，要注意一點：愛美固然不是壞事，卻不能犧牲健康，千萬別因為過度塗抹化妝品而弄壞了自己的皮膚與身體。

必定注意到一種現象：許多女性明明收入不高，卻硬是要想方設法買一兩件比較貴重的首飾，帶在身上。

女人喜歡首飾，這很正常，愛美之心人皆有之。但有的女人滿身打扮得珠光寶氣，只要看到喜歡的首飾，即使節衣縮食也要買下來，這就值得商榷了。

戴一枚結婚戒指，是對情愛的渴望，這的確是人之常情。但是，那些很看重首

飾的女人，戴首飾的目的往往是向他人炫耀。很顯然，她們是希望用這些東西抬高自己的身價和地位，相當可悲。

瞬間讀懂對方的心理密碼

只要認真觀察一下就可以發現，佩戴越多首飾的女人，越缺乏自信。那些受到尊敬、享有盛名的專家、教授、政府官員等，身上很少配戴首飾，就是最好的證明。

愛，讓世界更美

喜歡打扮的女性，形同於春天的象徵，五彩繽紛的衣服，就是美麗的花朵。沒有花朵自然不成春天，不懂打扮，就缺乏女性應有之美。

猶太人經商精明是世界聞名的，他們的賺錢第一訣竅，就是抓住「女人和嘴」。

猶太人認為，最能夠賺錢的生意，就是女人用的東西和吃的東西。

常言說「人是樹椿，全靠衣裳」，這話非常有道理。女性之所以漂亮，之所以有魅力，化妝打扮功不可沒。

心理學家研究指出，女孩子從兩歲開始就懂得無休無止地美化自己。調查資料則表明，世界上最暢銷的商品，正是女性服裝和女用化妝品。

女性為什麼要精心打扮自己呢？有人說是為了她們鍾情的男性，有人說僅僅是

267

為了美麗。不管怎麼說，喜歡打扮的女性就像是春天盛開的花朵。愛美之心人皆有之，爭妍鬥艷也不失為一種風景，不是嗎？

可能很多男性都對自己的妻子說過：「我之所以跟妳結婚，不是因為妳穿戴漂亮，而是妳這個人吸引我。」可是，幾乎沒有一個女性會相信丈夫的話，照樣不遺餘力地打扮自己。

或許可以這樣說，女性之所以喜歡梳妝打扮，不僅僅是為了男性，也是為了整個社會。正因為她們的精心努力，讓世界更顯五彩繽紛。

喜歡打扮的女性，形同於春天的象徵，五彩繽紛的衣服，就是美麗的花朵。沒有花朵自然不成春天，不懂打扮，就缺乏女性應有之美。

有一則笑話說，在酒杯邊打死的蒼蠅一定是雄性，在鏡子上打死的蒼蠅一定是雌性。這話的意思很清楚：男性喜歡吃喝，女性較注重穿著。

有人說，男人總是找不到服飾對自己的感覺，哪怕剛剛穿上一件名牌西服，也不會覺得有什麼特別，可能還會感到不自在。很多男人很難理解，為什麼自己的妻子對什麼都省吃儉用，偏偏對買衣服慷慨大方無比？很多男人也很難理解，女人為

什麼這麼喜歡照鏡子？

　　女人需要藉衣裝打扮自己，首先得到肯定的地方就在鏡子裡。唯有在鏡子裡得到鼓勵後，她們才有信心並願意在別人面前展示自己。對女性來說，衣服的保暖實用度只能居第二，好看與否最重要。女人的衣服，就是她們的廣告。

　　男人走進名牌服裝店，常常會收腹挺胸，神氣十足，一副財大氣粗的樣子。而女人走進服裝店後，神情變化比男人更甚。

　　對那些貴得不近人情的名牌，常常會流連忘返，但在小攤上買衣服，則斤斤計較，一丁點價格上的差異都不放過，這就是女人。

瞬間讀懂對方的心理密碼

　　追求名牌服裝，不僅僅是經濟實力的體現，也是對自身個性的反映。這樣的女人對生活充滿了希望，相當有活力，光芒四射，但也具有很強的依附性，撥去光鮮亮麗的外表，便感到茫然不知所措。

10.

觀察，就是最好的識人方法

狡滑的人會將會議內容
以及每個人的話一點不差地呈現給高層，
卻不會表明半點自己的看法與觀點。

觀察，就是最好的識人方法

職場如同社會縮影，有形形色色的人，因此最好能摸清身邊上司、同事、下屬的性格，而透過工作態度觀察，就是看穿他們內心的最好方法。

工作佔據了人們相當多的時間，雖然從事的內容不盡相同，但如果對職場的態度與責任心進行分析和研究，就不難發現性格在其中扮演非常重要的作用。

人面對責任時的反應，大致能分成三大類型：

第一種在心理學上稱為「內疚反應型」，他們一旦發現工作出現問題，不管是否與自己有關，馬上便想到自己應該承擔的責任，結果很容易導致進退維谷，過度憂慮與自責。

第二種是「推卸反應型」，他們遇到麻煩時，會極力推卸責任，想盡辦法找出

種種理由把責任轉嫁給他人，常常令同事頭痛不已。

第三種叫「適中反應型」，此類型人居於前兩者之間，遇到該分擔責任的時候，會努力尋找產生事故的原因，並以客觀事實為依據，勇敢地承擔屬於自己的責任，甚至有時會為了整體利益而承擔原不屬於自己的責任。

不忙卻裝忙的人，意在掩飾自己工作能力的低下，大都對自身的能力相當懷疑，力圖透過在別人面前裝出一副努力工作的樣子，使同事不至於輕視，但事實上，工作績效卻非常差。為了掩飾能力不足，保護自己的弱點不被同事或上司發現，他們除了裝忙碌之外，別無選擇。

至於厚己非人的人，懶惰是最大的性格特徵。他們看似認真工作，每天都非常忙碌，但全都是表面現象，一旦困難當頭逃得比誰都快。此外，總是用異樣的眼光看待其他同事，覺得他們不務正業、欺騙上司，好似誰都沒有如自己那樣熱愛工作。其實，他們最希望得到的是加薪和升遷，但懶惰的他們不會比其他人多做一點，假使真的有一天多做了一分鐘，一定立刻到處宣揚。

看上司臉色行事的人表裡不一、情緒不穩定，只有當上司在場的時候，才會聚精會神地工作，上司一旦離開，他們的幹勁便無影無蹤。

他們在生活中也是玩著人前一套、人後一套的把戲，用一張偽善的面孔面對周圍的人和事，就是標準的小人。

還有一些個性內向的人，見到長官就會緊張，結果由於分心而使工作效率大大降低，其實這是自卑感所致。

另外，若想認識和了解一個人的性格，還可以從他對工作的態度上進行觀察，展開分析。

一般來說，外向型的人多勇於承擔責任，在工作中，沒有機會的時候會積極地尋找機會、創造機會，有機會的時候，會牢牢地加以把握，因此，他們多很容易獲得成功。

內向型的人在面對一件工作的時候，首先想到的是自己該負擔的責任、後果等問題，總是擔心失敗了會怎樣，所以時常表現出猶豫不決的神態。因為他們顧慮的

273

事情實在太多，行動時免不了瞻前顧後、畏首畏尾，最後往往會以失敗告終，空留遺憾。

工作失敗時，不斷地找一些客觀理由和藉口為自己開脫，以設法推卸和逃避責任的人，多半自私又愛慕虛榮，總以自我為中心。

工作上一出現問題就責怪自己，把責任全部攬到身上的人，大多個性非常膽小，有自卑憂鬱傾向。

失敗以後能夠實事求是地坦然面對，並且仔細、認真地分析失敗原因，進行歸納和總結，爭取在以後的工作中不犯類似錯誤，這樣的人才算是真正成熟。他們為人處世態度比較沉著和穩定，具備一定的進取心，因而經過努力之後，多半會取得成功。

職場如同社會縮影，有形形色色的人，因此最好能摸清身邊上司、同事、下屬的性格，而透過工作態度觀察，就是看穿他們內心的最好方法。

從開會風格知人性格

狡猾的人會將會議內容以及每個人的話一點不差地呈現給高層，卻不會表明半點自己的看法與觀點。

無論是在企業、公司、學校或政府機關，開會就像吃飯和喝水一樣司空見慣。

踏入社會的人，無論背景如何、資歷如何、身居何等要職，都難以避免出席或主持會議。

會議中，有的人可以在規定的時間內完成程序，而且使與會者明白最終目的；也有的人長篇累牘、喋喋不休，讓所有與會者疲憊不堪，能否達到預期效果和目的則相當令人懷疑。主持會議的成效雖然與主持者自身的修養和知識程度有關，但性格所產生的作用也不能漠然視之。

- 簡潔明快、豁達幹練的人

這種人快言快語、辦事雷厲風行，對工作與生活都充滿信心，做事前必定精心準備。他們主持會議，也清晰明瞭，內容安排得當，講話時條理清晰，言之有物，令與會者欽佩，可以勝任重要的領導工作。

- 說什麼就是什麼的人

這類人有一定的身份、地位和手段，對自己目前擁有的一切滿懷信心，而且堅信將會擁有更多更美好的東西。

他們通常是靠真才實學爬到現今位置上，頑強的意志力是他們取得成功的保證。做事總是胸有成竹，遇驚不亂，很有大將風度。缺點是總固執己見，不容他人質疑，習慣專斷獨行。

- 把會場當課堂的人

這類人的名片上通常印有「專家」兩個字，他們學有專長，常是公司某一項業務的權威。開會的時候，他們會以老師的姿態站在與會者面前，不厭其煩地講解「學生們」不明白或懂得不徹底的理論和觀念，但常常忘記了時間。至於被當作學生的與會者，多半哈欠連天、瞌睡連連。

- 欺下媚上的人

由於近水樓台的緣故，他們與高層、特別是總裁級人物接觸密切，並為此自豪不已。他們會毫不客氣地用大部分會議時間來噴灑自己的唾沫，滿嘴胡說八道，但又不允許其他人質疑，甚至可能動不動就打斷他人的發言，進行一番無意義的補充說明。

此外，他們反應敏捷，善於阿諛奉承，欺下媚上。

- 做「傳聲筒」的人

「傳聲筒」是對這類人在主持會議時圓滑表現的最好比擬。他們會將會議內容

以及每個人的話一點不差地呈現給高層，也會將高層的意見原封不動地放到會議桌案上，卻狡猾地不表明半點自己的看法與觀點，常常讓與會者「靜候佳音」，或表示「會盡力向上司反應」，勸大家「不要急躁，耐心等待」。

• 優柔寡斷的人

這類人可能大有發展前途，為人彬彬有禮又謙卑含蓄，一點也不咄咄逼人，允許其他的與會者暢所欲言，提出自己的觀點。但往往由於在拍板時猶豫不決而難以和與會者達成共識，結果降低了自己的威信，讓下屬心存不服。

• 愛耍威風的人

這種人多半居於不高不低的位置，所以非常想往上攀爬，野心勃勃。他們喜歡擺架子，顯威風，總是讓很多不相關的人參加會議，如若人手不夠，還會派部屬到場吶喊助陣，並打著「群眾意願」的幌子中飽私囊。

透過開會表現，可以讓一個人無所遁形，是瞬間看穿一個人的好機會。

由辦公桌狀態分析工作心態

辦公桌整潔的人，多半有很高的工作效率，他們嚴於律己，特別珍惜時間，會安排相應的工作。

辦公室是職員工作的場所，內部都是與工作密切相關的陳設。由於每件陳設都融入了個人的喜好，所以辦公室裡每一個員工的辦公桌擺設，都可以展現出這個人的性格特徵。

英國心理學家斯蒂恩教授，很多年前就開始研究辦公環境與職員之間的關係。

經過長期的實驗和求證，證實了內部陳設（如辦公桌）與職員性格之間確實有聯繫。

辦公桌整潔的人，多半有很高的工作效率，是個很出色的員工。他們嚴於律

己，為著崇高的目標堅持不懈，特別珍惜時間，必定會安排相應的工作，辦事和工作都有條不紊，但是適應能力較差，對於突如其來的變故常常手不及、手忙腳亂，有時候會自亂陣腳，發生錯誤。

辦公桌空空如也的人，通常是個急性子，為了工作方便，也免除工作中得從眾多文件中找資料的麻煩，只會把所需要的資料放在伸手可及的地方。他們通常很有事業心，一般都可以成為老闆。

辦公桌凌亂不堪的人，必定堆滿文件與檔案，而且恐怕根本就不知道哪些是作廢的，哪些是緊急的。

他們沒有長遠的眼光，但有較一般人強的應變能力。

他們的個性溫和善良，但做事往往沒有計劃、倉促應戰，結果自然大打折扣。

在辦公桌裡放鈔票的人，通常是對任何事情都會產生懷疑的人。他們不完全相信銀行，所以不把所有鈔票都存入銀行；對家庭也不放心，時刻擔心被盜，但仍會留一些錢用於日常生活需要；對工作地點也不放心，所以辦公桌中只放一點錢。為

了到哪裡都有錢用，他們會在很多地方各存放一些鈔票。

有些人會在辦公桌上存放紀念物，而且琳琅滿目、種類繁多，有兒時的玩具、情人的相片、老掉牙的首飾，甚至還有學生時代的舞會邀請函。他們不善於與外人打交道，也不願意和外人有過多的接觸，經常獨來獨往，但是與老朋友聯繫得相當密切。

他們總靠著美好的回憶調劑生活和排遣孤獨，常在夜深人靜的時候獨享愉悅，因為情感豐富也較脆弱，很容易受到傷害。

不妨看看自己的辦公桌，再看看他人的辦公桌，是否從中接收到有用的訊了呢？知己知彼，才能百戰百勝。

透過處理檔案，看行事是否果敢

> 無論一個人多希望掩飾自己，仍會有一些真正的個性、思想，在不知不覺間由小地方表露出來。辦公桌的抽屜，就是個好例子。

現代企業一直致力於研究什麼樣的工作環境可以創造出最高的效率，反覆實驗的過程當中，一位效率研究專家發現，員工辦公桌上的檔案，通常可以展現出他們的某些性格特徵。

以下，是幾種普遍類型：

- 認真整理文件的人

這樣的人不管是桌面上還是抽屜裡，所有的檔案、文件都收拾得整整齊齊，而

且分門別類。他們辦事之時條理清晰，有很強的組織和操作能力，所以通常工作效率都很高。

這種人生來責任心強，凡事小心謹慎，認真負責，而且精益求精。缺點是沒有開拓進取的魄力，創新能力也較差。

● 散放文件的人

文件檔不分主次，這裡一堆，那裡一堆，像是要搬家似的。他們辦事較盲目，做工作難以善始善終，而且自我控制能力差，無法調整自己的情緒和習性，也較難適應新的外部環境。

● 檔案資料堆放得亂七八糟，每找一份文件都要翻天覆地

工作能力較差，常常事倍功半，辦事缺乏條理性，無法循序漸進，也少有責任心，缺乏持之以恆的毅力。

這類員工應該重新接受培訓，或改做其他與個人能力相近的工作。

● 亂塞文件的人

不要被乾淨的桌面迷惑，也不要親自查看桌面上是否有灰塵，只要拉開他們的辦公桌抽屜，一切就都可以明瞭了。他們的辦公桌抽屜裡亂七八糟，簡直什麼東西都有，根本讓人分不清究竟是雜貨鋪還是辦公桌。

這種人多半華而不實，雖然機智靈活但喜歡耍些小聰明，常過度注重外表，善於鑽營，不太值得信任。

無論一個人多希望掩飾自己，仍會有一些真正的個性、思想，在不知不覺間由小地方表露出來。

處理郵件可以看出人的個性

> 喜歡閱讀垃圾信件的人，通常好奇心比較強烈，對新鮮事物的接收能力特別快。
>
> 「看信」只是小動作，當中卻藏有一番學問，值得探究。

現代社會中，科技發展越來越先進，方便快捷的通訊方式相當普遍，很多時候大家都忘記了還有寫信這回事，透過寫信進行溝通和交流彷彿已是上個世紀前的事情了。

不過，從處理信件的態度來觀察一個人，仍是相當實用的識人方式。

隨著科技的發展，很多人習慣電子郵件聯繫，其實也等同於寫信。

一收到郵件就打開，並在最短時間內回覆的人，時間觀念一般比較強，總希望

盡快把事情做好，然後去做其他事情，同時不希望對方等待得太久。

但也有一種情況，他們只是在信件的處理上表現得積極，因為寫信的人是自己比較重視的，但在其他方面就顯得散漫隨便，認為有空再回覆就可以。

接到信以後不開更不看，直接把它丟在一邊不管，繼續做其他事情的人，如果不是存心不看信，就表明工作、學業、生活狀態很忙，時間安排得很緊湊，不是特別重要的信件，自然就會被放在一邊，等到時間充裕的時候再處理。當然，也可能永遠不會有處理的時間。

請別人代自己收信的人，對別人多是充滿信任感的，否則不會容許這種事，畢竟這是屬於比較私密的領域。

這類人不擅長隱藏自我，會將許多秘密說出來與他人共同分享。人際關係不會太好，但總體來說還算不錯，因為他們雖然比較以自我為中心，但為人慷慨，憑這一點便可以贏得旁人的信任。

收信以後，先看寄信人、主旨，再打開信看信內容的人，生活態度多半比較嚴

謹，相對的，做事很有規則性，而且辦事很徹底，承擔下來，一定要盡全力做得很
好。

接到信以後進行一番選擇，先把私人信件揀出來，看完以後再處理其他信件的
人，多是感情比較細膩，而且特別重情誼的人。

一般來說，這樣的人性格上顯得有些脆弱，時常需要別人的安慰和扶持，這也
是對私人信件比較看重的一個重要原因。

若信箱總是滿滿的，顯示人際關係相當不錯，有很多可以用郵件聯繫情誼的朋
友。這種多屬外向型人，比較隨和親切，能夠關心人、爲他人著想，很容易獲得信
任和依賴。

相對的，信箱總是空空的人，性格多半比較孤僻內向，不太容易與他人進行溝
通交流，心裡有很多屬於自己的隱私，不會說出來與他人分擔、分享。這種人性格
中的自主意識比較強，做事不太徵求其他人的意見，有自己的獨特主張，常我行我
素、走極端，不是過分堅強，就是過分脆弱。

喜歡閱讀垃圾信件的人，通常好奇心比較強烈，希望能夠得到一切自己感興趣的資訊，對新鮮事物的接收能力特別快。由於垃圾郵件通常比較無聊，這也顯示這類人具有一定程度的忍耐力和寬容力。

相反的，一見到垃圾信件就丟掉的人，為人處世方面比較小心謹慎，有強烈的自我防衛意識，不會輕易相信某一個人。

這類型的人多少有些憤世嫉俗，顯得不夠圓滑世故，與人交往過程中，多少會碰上一些不如意之處。

「看信」只是小動作，當中卻藏有一番學問，值得探究。

從顏色看穿真實性格

喜歡不同的顏色，顯示了內心的不同想法、偏好、渴望，或許可以說顏色正是洩漏內在真實自我的「密碼」。

每個人都有自己特別喜歡的色彩，並將這種喜好反應到生活和工作的各個方面和不同領域。無論是衣服的選擇，還是傢俱的裝飾，到處都展現著性格折射出的色彩偏好。

愛好紅色，是精力旺盛的體現。這種人喜歡展現自我，有著讓全世界認可自己的願望。容易衝動，做事有時不顧後果，自然免不了因為挫折而後悔不已，甚至一蹶不振。感情豐富，熱情奔放，好奇心強，這也是他們經常遇到困難的重要原因，

別人常常受不了這種毫無顧忌的衝勁。

喜歡棕色的人，往往令配偶既愛又恨。他們忠誠老實，值得信任，而且不會忘恩負義，有自己的安排和計劃，善於管理錢財。但是分配家庭收入的時候，常會與配偶產生矛盾，儘管初衷並不是要讓家人受苦。

喜歡白色的人性格比較單純，追求卓而不群，積極進取。他們做事涇渭分明，講究實際，不容易與陌生人和平共處。

喜歡黃色的人善於隱瞞自我，總是擺出一成不變的面孔，讓人琢磨不透。他們喜歡不受拘束的生活，常按照自己的想法安排日程。

這類人凡事都要求盡善盡美，經常弄得自己精疲力竭，而且脾氣倔強，得理不饒人，不易得到別人的喜歡。

喜歡黑色的人傾向壓抑、消極，但也流露出典雅與威儀。他們缺乏激情、活力，遇事還沒前進便想打退堂鼓，而且總認為好運氣與自己無緣，對周圍的人和工作提不起興趣。他們不喜歡張揚和引人注目，對待他人十分謹慎小心，會極力避免

意外的麻煩。

紅褐色代表安逸祥和，因而喜歡這種顏色的人多容易安於現狀，與世無爭，也沒有排斥他人的傾向，容易與人親近。他們對身邊的人通常言聽計從，不會有太大反抗。

喜愛紫色的人自信又清高，很少出現情緒化的衝動表現。他們的情感淳樸濃烈，但通常秘而不宣，遇上特別難過的事情會一直積壓在心頭，由自己承受，不向外人透露。

喜愛橙色的人積極進取、勇於開拓，堅信多個朋友多條路，所以會用各種方法結交朋友。但這類人容易喜新厭舊，往往把過多的精力用於結交新朋友上面，結果卻忽略了老朋友，真心實意的知交往往不多。

喜歡粉紅色的人大多舉止優雅，講究禮節，在交際場合中能妥善地掌握行事尺度。他們追求理想、講究外表，具有很高的審美能力。

喜歡綠色的人溫柔多情，善解人意，能夠了解異性的心事和秘密。多半活力四射，能夠迅速從挫折當中振作起來，艱難險阻往往威脅不了他們。喜歡熱鬧但不願意參與，很容易和孩子打成一片。

喜歡以紅褐色搭配灰色的人有很好的人緣，走到哪裡都可以交到好友。他們知道遷就別人，給對方台階下，善於察言觀色。產生衝突時，不會針鋒相對，會待對方心平氣和、恢復理智之後，再找適當的時機表達自己的想法。

喜歡以紫色搭配黑色的人，認為什麼事都索然無味，漠然置之，不懂得從團體生活中獲得幫助和充實，所以經常是一個人獨來獨往，整天無精打采、鬱鬱寡歡，彷彿到了世界末日似的。

喜歡不同的顏色，顯示了內心的不同想法、偏好、渴望，或許可以說顏色正是洩漏內在真實自我的「密碼」。

開什麼車，就象徵什麼性格

據心理學家的研究表明，一個人對車子顏色的喜愛，在一定程度上可以反應出自身的性格。

以車代步，是大多數人的共同選擇。

車子是一個人的表徵，開什麼樣的車，除了能夠反應出車主經濟實力的差別外，更可以看出個人品味，以及車主各自不同的性格特徵。

• 喜歡進口車的人

這類人有高人一等的心理，對大部分國產車的品質都抱持懷疑態度，愛用國貨、民族主義之類的宣傳號召很難打動他們，基本上他們認為自己和普羅大眾是有

階級差異的。

• 喜歡吉普車的人

吉普車使人能夠探訪許多一般交通工具無法到達的地區。開吉普車能把別人拋在車後一團團的灰塵中，並替自己開條新路。這種人就像吉普車一樣吃苦耐勞，甚至可說原本就是為了吃苦耐勞而存在。

• 喜歡豪華車的人

這種人可能很有錢，也可能很窮，不過他希望自己看起來富有，至少表現出與眾不同的形象，這種心理從對衣服的剪裁和房子大小的要求都看出來。

然而，很遺憾的，這類人心中成功的感覺多半建立在他人的讚美，而不是真正發自內心的自我肯定。

• 喜歡敞篷車的人

這種人不想與世隔絕，希望這世界能進入他的車裡，開車時有風輕輕吹過髮稍，有陽光親吻他的臉。

他喜歡敞篷車帶給來的那份逍遙自在，以及男性氣概形象。

• 喜歡雙門車的人

別人一進入這種車子的後座，就成了駕駛者的俘虜，因為沒有出入方便的逃生門。雙門車對於有控制欲的人來說，的確具某種特殊的吸引力。這種人希望控制旁人的生命，而且只要自己輕鬆舒適就好，並不在乎其他。

• 喜歡四門房車的人

在這種車裡，每個人都有屬於自己的出入口，可以自由進出。車主給每個人一個出口，表示尊重他人選擇的權利，即使對方選擇離開，同樣該被尊重。

然而，就因為他不企圖控制別人、限制別人，反而受到信賴。

• 喜歡省油小車的人

隨著油價飛漲，大多數人都希望自己的交通工具能夠經濟省油，所以選擇這類的汽車的人，必定是個腳踏實地的人，但相對的，也有些現實。

295

對他們而言，青少年那種放縱的日子已經過去了，現在必須穿著得體，舉止優雅。這種人最關心的不是如何獲取身份地位，而是如何保有目前已經擁有的一切，安穩生活。

另外，據心理學家的研究表明，一個人對車子顏色的喜愛，在一定程度上可反應出自身的性格。

喜歡紅色的人具有較強的野心，對自己充滿自信、對人熱情，喜愛開快車，稍嫌衝動。

喜歡黑色和白色的人屬於工作熱情高的人，萬事追求完美的境界。

喜歡藍色的人做事冷靜，具有較強的分析能力。

喜歡金色的人樂觀、好交際、朋友眾多。

喜歡綠色、銀色的人處事中庸，行事穩當、性格堅強。

開車習慣與個人性情有關

一個人究竟值不值得信賴，真實性格又是如何？觀察他的駕駛態度和習慣，可以得出一些線索。

一個人控制汽車的方式，其實和控制自己的方式有許多相似之處。如果把車子視爲個人肢體的延伸，那麼開車的方法就是肢體語言的機械化身。一個人在方向盤後的舉動，正反應出當下的心情與處事態度。

一人的駕駛習慣，不脫以下幾種：

• 按規定速度開車

對這種人而言，開車不過是到達某個地方的方式，而不是一種求快樂或刺激的

297

過程。這種人守法、守本分，盡自己應盡的義務，絕不做危險動作，通常以平穩、容易控制的速度開車，做任何事情都以中庸的態度行事，即使有很大的把握，也不會驟然冒險。

・行車速度比規定速度慢

由於為人可靠，不馬虎，很適合在公家機關上班。

坐在方向盤後面令他覺得害怕，覺得無法操縱一切。這種人總是避免把東西放在自己手裡，碰上有人授權，立刻設法把許可權縮至最小。他們時常嫉妒旁人不斷超越自己，但是自身膽小怕事的個性，卻又讓他們無所作為。

・超速行駛

這種人習慣以自我為中心，不喜歡受制於任何人。個性浮躁，做事大膽、躁進，不允許他人為自己設限，如果有人企圖這麼做，他會立刻找出極端且可能導致危險的方法，來維護自己的「獨立自主權」。

・習慣坐後座

他人的成就令這種人有被威脅的感覺，潛意識裡害怕自己貢獻的心力不被信任與接受。

這種人喜歡獲得別人尊重，希望旁人在做決定之前，都先問問自己的意見，肯定自己的重要性。

- 猛按喇叭

在現實生活中，這種人喜歡大吼大叫、亂發脾氣；表現在馬路上，則是拚命咒罵，使勁按喇叭。

這種人面對挫折的應變能力極差，經常覺得受別人威脅，因而以一連串的高聲謾罵來表達心中的焦慮和不安，發怒程度和所受刺激程度呈正比。這種人做事沒效率，本身也沒什麼能力，卻總是匆匆忙忙，一副忙得要死的模樣。

- 開車不換檔

這種人希望所有事情都能安排得好好的，比較喜歡尋找獨特的生活方式，即使遭遇困難，也很少向旁人請教。沒有人會告訴他該往何處去，常常是他告訴別人該怎麼做，一副先知的架勢，常憑直覺行事，但應變能力極差。

299

* 綠燈一亮就搶先往前衝

凡事比別人搶先一步是他們的生存方式。

這種人喜歡勝利的感覺，因為不願被烙上失敗者的標記，所以總是積極過頭，深信有足夠競爭力才能夠成功。這類型的人把任何事情都視為競爭，參與競爭時不是向前看，而是向後看，想知道別人離自己還有多遠。

* 綠燈亮後最後發動車

這種開車方式很安全、有保障，用不著和他人爭先恐後。這種人的觀念是：只要不鋒芒畢露，就不會遭人拒絕或受到傷害。同時，他們把這個觀念也用在其他地方，總讓他人先走，只求安穩度日。

* 不肯學開車

不學開車的人有兩種極端，一種是極端自信，不受外物支配，另一種則是極端自卑，很容易置身於依賴和無助的情境中，導致增加自卑感，因為行事總是受制於

他人。

一般而言，以後者居多。後者在生活的各個領域中，也習慣退居積極者的背後，任由旁人左右著自身的一舉一動。

• 永遠沒有駕照

這種人喜歡告訴別人他要怎麼做，但做出來的成果，卻往往與先前所說的相距甚遠。不過，只要有足夠的刺激，最後還是會把事情做完。這類人總把自己想像成贏家，但心中卻暗自害怕會輸，滿口天花亂墜的言詞，但行為卻很消極。拖延戰術不但已經變成一種習以為常的行為，甚且已經形成了慣性。

一個人究竟值不值得信賴，真實性格又是如何？

觀察他的駕駛態度和習慣，可以得出一些線索。

11.

性格不同，
紓壓方式就不同

用睡覺放鬆自己的人多半很聰明而且實際，
無論在什麼時候都知道自己的目標，
並且會努力尋找最快捷的方法。

名片就是個人的品牌

見到人就遞自己名片的人，大多有十分強烈的表現慾望，喜歡把自己擺在顯眼的位置上。

名片是人們在交際過程中必不可少的媒介，可以說是讓他人認識自己的一個視窗，甚至囊括了一個人一生的成就和所得。

透過名片觀察人，正是一種識人的方法。

喜歡在名片上用粗大字體印上自己名字的人，多半表現慾望強烈，總是不時地強調自己、突顯自己，以吸引他人注意的目光。

這種人的功利心一般都很強，但在為人處世方面卻表現得相當平和親切，具有

紳士風度。

他們擅長使用某些手段來達到自己的目的，外表和內心經常不一致。表面上，他們相當隨和，但實際上，有很強的個性，不容易讓他人真正地靠近自己。他們善於隱藏自己，為人處事懂得見機行事，而且能把握分寸，使所作所為都恰到好處。

不在名片上印任何頭銜的人，大多個性較強，討厭一切虛偽、虛假、不切合實際的東西。他們並不十分看重自己的身份和地位，也很少考慮別人對自己的看法，只喜歡按照自己的意願做事情，不願受到支配和調遣。與此同時，他們也很少對別人發號施令。

這些人具有超乎一般人的想像力和創造力，所以經常會有所創新和突破。

名片的紙質、形狀和色澤都顯得相當另類的人，說明他們的表現慾望也相當強，而且喜歡賣弄。

他們大多崇尚無拘無束、自由自在的生活，喜歡做什麼就做什麼。這種人大多

頭腦靈活，有不錯的口才，但習慣於獨來獨往，所以除了切身相關的東西以外，對其他任何事物都很難產生濃厚的興趣。

他們好惡分明，所以經常會招惹麻煩。在人與人的交往中，缺乏足夠的協調性，人際關係並不是很好。

喜歡用輕柔紙質製作名片的人，多半性情溫和，說話很有禮貌，而且用詞也很文雅。他們的思想浪漫，常期望有一些浪漫的事情發生，一般來說具有很強的審美觀念。

他們不太容易與人發生爭執，在條件允許的情況下，會盡力原諒對方，比較富有同情心，經常幫助和照顧他人。但這類型的人性格不算太堅強，意志有些薄弱，常常會為自己帶來失敗和麻煩。

在名片上附加自己家裡住址和電話的人，大多具有較強的責任感，否則不會費功夫做這樣的事情。與此相反，恰恰有許多人為了逃避工作上的麻煩，拒絕透露自

家的住址和電話。

喜歡加亮膜，使名片具有光滑效果的人，外表上看起來多顯得熱情、真誠和豪爽，與人相交十分親切和善，但這可能只是他們交往中慣用的一種敷衍手段，實際上，虛榮心相當強。

在名片上印有綽號和別名的人，叛逆心理大多比較強，做事常常無法與其他人配合。他們爲人處多半比較小心和謹慎，但有些神經質，心中常常會冒出一些無端的猜疑，質疑別人的同時也懷疑自己。

這種個性使他們很容易產生自卑感，一旦遇到挫折和困難，缺乏足夠的信心，只想妥協退讓。從某一方面來講，不但沒有太多的責任心，還會想辦法逃避自己該負的責任。

同時持有兩種完全不同名片的人，除了本職所從事的工作以外，大都還有另外

一份職業，可見得精力相當充沛，同時也具備一定的能力和實力，可以同時應付好幾件事情。

他們的思維和眼光較一般人要開闊，能夠看得更遠一些，常會有此深謀遠慮的策略和想法。由於興趣相對較寬較廣，所以懂很多別人不懂的東西，創造力很突出，常會有驚人之舉。

經常以「名片用完了」之類的話表示歉意的人，大多對生活和事業缺乏長遠的規劃部署，為人處世缺少必要的沉著冷靜，顯得輕率膚淺。而且因為無法很好地處理各種人際關係，讓旁人對他產生戒備心理。

不分時間、地點和場合，見到人就遞名片的人，大多有十分強烈的表現慾望。他們喜歡把自己擺在顯眼的位置上，讓所有人都能看到。見人就發名片，正是這種性格淋漓盡致地表露，他們把自己的名片當成了宣傳單使用。

這類型的人多半有強大的野心，但很少輕易表露，一言一行都顯得小心翼翼，

但若是細心觀察，還是能夠看出潛藏野心的存在。

經常若無其事地掏出一大堆別人名片的人，目的是為了誇耀自己，希望他人能夠對自己另眼相看。

這類型的人自我意識多比較強，總是以自己為中心，容易自以為是。他們的社交能力、組織能力相當好，具有不錯的口才和充沛的精力，因而辦事成功的機率相當大。

下一回，接過名片時，不妨多看幾眼，說不定可以得到更多訊息。

從記事本使用方式看出交友態度

想了解一個人，想知道對方的真實性格，以及對方的交往態度，不妨從觀察通訊記事本開始。

由於手機通訊、記事的廣泛使用，使記事本有被社會淘汰的趨勢，但是對許多人來說，還是一種非常重要的生活用品。

從一個人使用記事本的方式，也可看出他的性格。

使用昂貴記事本的人，頭腦多半很清醒，知道這一生不能光靠單打獨鬥，一些能夠給予自己幫助的貴人是必不可少。

選擇這樣的記事本正是為了提醒對方自己對他們珍視的程度，同時也向他們保

證會極力維繫彼此間的關係。

有些人喜歡使用廉價的記事本，最大的優點就是隨時都可以丟掉而不感到可惜，通常來自「十元商店」或公司贈品。

他們對記事本的態度，與對同事和朋友的態度沒什麼兩樣，輕輕鬆鬆地來，簡簡單單地去，絕無拖泥帶水地留戀。

正因為他們容易忘記別人，別人同樣不會對他們依依不捨。他們喜歡新鮮的東西、住處、工作、朋友和情人。

使用皮夾或皮包式記事本的人，常會莫名其妙地不安，生活中的很多事情都讓他們畏縮不前，比如到新的公司工作、去拜訪一個權威人士、到醫院檢查身體……等等。

所以，他們更加需要記錄詳細、分類清楚的皮夾式筆記本，以得知哪個朋友可以幫助自己渡過難關。

對他們而言，懷揣著這樣的記事本，無疑等同擁有了一顆定心丸。

每年都更換通訊錄的人，多半將有用的人轉到新的通訊錄上，沒有用的人連同舊通訊錄一同丟進垃圾桶，因而會給人勢利的感覺。

這種做法雖然讓人覺得現實，但其實正是誠實的表現，顯示他們不會做虛偽的事，向來都將真實的自我呈現在大眾面前。

珍藏通訊錄的人，是將昔日所有的感情都歸結於歷史。儘管彼情誼已經消失，但依然希望能夠再度擁有：雖然大家已經各奔東西，但還是興致勃勃地在有空的時候聯絡故友，特別是舊情人。雖然有時會被拒絕，但對其他人還是深情依舊，是十分重感情又念舊的人。

沒有通訊錄，口袋中只有縐縐巴巴的紙團記錄著一個電話號碼，或是看過的書中夾著一張寫著電話號碼的紙條，甚至手上隱隱約約寫著昨天記下的號碼。這樣的

人，其實不僅電話號碼漫天飛，其他生活用品諸如襪子、鞋子和髒衣服等更是觸目皆是。

也許他們是爲了工作而無暇顧及身邊瑣事，但這種做事無條理的態度，也多使他們的理想無法變成現實。

想了解一個人，想知道對方的眞實性格，以及對方的交往態度，不妨從觀察通訊記事本開始。

生活品味決定了購物方式

看目錄購物的人，做任何事都喜歡按照一定的規律和計劃完成，否則可能會感到手足無措。

去商場、超市購物，幾乎是每個人每天都會做的事，付出一定的金錢就可以得到自己想要的商品，這是一種交易。

雖然都是在做同樣的交易，但不同的人卻有不同的方式。透過觀察一個人的購物方式，也可以對人的性格進行分析。

請別人代自己購物的人，大都是將時間安排得非常緊湊，工作和學習非常繁忙的人。在他們看來，購物算不上一件什麼大事，不值得自己抽出寶貴的時間親力而為。

為。他們在為人處世等各個方面多半比較保守、傳統，但會盡量使大家對自己的表現滿意。

在商品打折時選購物品的人，多半比較現實，懂得精打細算，甚至有點唯利是圖。他們的個性固執，遇事雖然會與他人協商，但最後卻會頑強地堅持自己的觀點不放。

看目錄購物的人，組織性、原則性強，做任何事都喜歡按照一定的規律和計劃完成，否則可能會感到手足無措。這類人比較健忘，所以需要有人不斷提醒他們在什麼時間該做什麼事情。由於隨機應變能力並不強，偶發的事件常讓他們無法接受。

喜歡全家人一同出外購物的人，多有較傳統和保守的價值觀，家庭在他們的心目中居於無可替代的地位，心中有著強烈的責任感和深深的依戀。家庭很可能是一切行為的最基本出發點，強烈影響他們行為處世的習慣，而他們的家庭狀況也非常和睦。在外人看來，這樣的人整天圍著家庭轉，生活似乎太乏味了，但他們自己卻很滿足於目前的生活。因為生活態度非常實在，選購的物品多半既經濟又實惠。

需要的時候沒有，不需要了以後才購買的人，似乎在任何一方面的行動都比別

人慢一拍，但他們並不爲此而惱火。他們的表現慾望很強，希望自己能夠引起他人

的注意，所以時常會故意要一些小伎倆。

　　會花一整天時間購物的人，個性多半比較開朗、樂觀，常常沒有理由地就感覺

心情不錯。他們爲人處事比較有耐性，總是能夠找到很多理由和藉口安慰自己，堅

持到最後。

　　他們有強大的野心，常常會爲自己設定許多遠大的理想和目標，並且實現理想

的態度也相當積極，可是嚮往的那些理想和目標，從某種程度上來說並不太符合現

實，到最後多半無法美夢成眞。

　　但透過這個過程，他們仍得了不少收穫。

付款習慣和個性密切相關

收到帳單以後就立即付款的人，多是有魄力者，做事當機立斷，從來不拖泥帶水。

任何小動作都和內在個性思想、個性相關，即便只是付款也不例外。

採用什麼樣的付款方式，和處理生活中其他瑣事有著相似之處，同樣可以觀察出一個人的性格。

喜歡親自付款的人，個性大多比較傳統保守，對新鮮事物的接受能力比較差，偏重於循規蹈矩，守著一些過時的東西，欠缺冒險精神。他們缺乏安全感，常有自卑心理，但又極希望獲得他人的肯定。

能拖多久就拖多久，最後關頭才付款的人，多有貪便宜的心理，比較自私，缺乏公平的觀念，總是希望自己能少付出或根本不付出就得到回報。他們在一般情況下不會輕易地關心和幫助別人，對人雖不算太冷淡，但也稱不上熱情。

把付款的任務推給別人的人，常無法堅持自己的原則和立場，習慣於服從和聽命於他人。他們的責任心不強，習於找理由和藉口為自己的錯誤行為開脫。在挫折和困難面前，會膽怯、退縮。

收到帳單以後立即付款的人，多是有魄力者，凡事說到做到，拿得起放得下，做事當機立斷，從來不拖泥帶水。他們的個性獨立，為人真誠坦率。

採用線上付費服務的人，容易接受新鮮事物，並懂得利用它們為自己服務，但由於對某些東西的依賴性太強，常常會使他們喪失主導權，因而受控於人。除此以外，他們對人有很強的信任感。

性格不同，紓壓方式就不同

用睡覺放鬆自己的人多半很聰明而且實際，無論在什麼時候都知道自己的目標，並且會努力尋找最快捷的方法。

一個人的性格。

採用什麼樣的方法放鬆，要根據自己的實際情況和需要決定，從中也可反應出一個人的性格。

現代社會競爭越來越激烈，人的壓力也越來越大。為了保持身體和心理的健康以參與競爭，需要進行自我調節，找到一種放鬆並紓解壓力的方式。

以心理療法放鬆自己的人，多半是完美主義者，凡事總盡力追求做到最好，否則就會感到不安。他們的整體能力還算不錯，但卻總不能如自己所預料的那樣引人

注意。

用運動放鬆自己是一種很有效的方式，在運動的疲憊中可以暫時忘記一切。這類型的人多半比較內向，缺少朋友，不會輕易向他人傾訴自己的心事，尤其面對比較熟悉的人更是如此。

他們的意志堅強，在挫折和困難面前雖然有時也會表現得失望頹廢，但只是暫時，多半都能夠勇敢地站起來面對一切。

採用自然療法放鬆自己的人，比較開朗樂觀，很受周遭人的喜歡。他們待人真誠、樸實，說話直截了當，有什麼說什麼，不會遮遮掩掩。但是因為厭惡工作，所以很難以單純、自然、放鬆的心情投入到工作當中。在工作中，即便什麼麻煩也沒有發生，仍可能突然間感到煩躁。

採用行為治療法放鬆自己的人，有很多並不具備自我主張，很容易向他人妥

協，聽從他人的安排和調度，是樂於被管理的一群人。不願意自己動腦筋思考，喜歡有人把一切都安排得好好的，如此，自己只要按著步驟與規矩去做就可以了。他們是負責的人，會盡力把每一件事情做好。

採用睡覺放鬆自己的人多半很聰明而且實際，無論在什麼時候都知道自己的目標，並且會努力尋找最簡單、最快捷的方法去實現。他們有一點固執，不會輕易接受他人的意見，對原則和理論上的東西並不十分看重，而是著眼於非常具體、看得見、摸得著的實例。

不接受任何治療方法，任壓力自然發展，這類型的人，有較強的獨立自主觀念。無論發生什麼事情，絕大多數時候，並不企圖依靠外界的力量解決問題，只寄望於自己，並且充滿信心。

他們並不特別相信誰，尤其是那些被絕大多數人視若神明的人，更有點不屑一顧。他們自給自足，很容易滿足，而且不希望現狀被改變。

性格為運動方式做出選擇

邊做事邊運動的人，是一個會讓現實工作變得有挑戰性、更富價值的天才。

從靜態的觀察可以看穿一個人，從「運動」下手也有相同效果。

若是一個人特別喜愛某種運動，透過這個選擇，會顯露他在身心兩方面的需求，進而展現出他的個性。

• 體育館或健身俱樂部

這類型的人喜好在俱樂部運動，只要不是一個人，並不反對為了鍛鍊身體、維持健康而受苦。他們喜歡有人陪自己一起運動健身，這樣運動完後，在蒸氣房裡，

就有伴可以互相聊天。

● 有組織的運動

無論是在學校的操場打籃球，或是在海灘上打排球，這種人喜愛的不是運動，而是參與過程中得到的樂趣。

成為團隊中的一份子，這點在他們的生命中佔了很重要的地位。下班後和他們一塊兒打球的那些人，通常是認識已久的老朋友。

● 家庭運動器材

廣告使他們相信，選擇這類方法不需要費多少力氣，就能夠達到真正運動的效果。不過，他們很快就會發現，只有廣告裡的模特兒才有辦法邊運動邊露出笑容，自己買來的運動器材多半擺在大廳裡生灰塵。

● 重量訓練

喜歡舉重的人比較在意形式，較不重視內涵，最在乎的是外表，希望自己有一副好得不得了的身材。

舉重賦予他們令旁人稱羨的力量，這使他們覺得自己很特別，能夠完成沒幾個人可以做到的事。

• 競　走

這種人討厭跟隨人群，偏愛展露自己特殊的品味。如果時下正好流行某樣東西，一定會另外找個新花樣，力求不符合傳統。

• 有氧舞蹈

喜歡這種形式的體操，表示對自己身體抱著一種圓融的態度，因為每一動作間的連接都得求自然流暢。

為了展現優美的舞步，同時培養耐力，他們除了著重肌力的訓練外，還特別在意體態的優雅。這種人不排斥做一些別人覺得既繁重又乏味的工作，懂得把工作當

成遊戲的訣竅。

* 騎自行車

選擇這種運動的人，比喜愛慢跑的人更加實際，曉得如何以同樣的能量走更遠的路，此外，還可以同時運動大腿。

愛好自行車的人，通常很靈活，會經常設定不同路線，不像慢跑的人通常都順著同一條路線跑。

* 瑜伽

瑜伽與外在行動及內在器官的流暢性有關，尤其和身體的柔軟度更是關係密切。喜愛練習瑜伽的人，深刻體會到呼吸是控制生命的一種方法，也了解冥想和體力的發揮同樣重要。在一般情況下，練習瑜珈有助於拓展視野，使人對事情的看法更透徹圓融。

- **邊做事邊運動**

這種人會在除草時做彎膝蓋的動作，或在掃除時做運動，由此可見他們是想像力豐富的人，是會讓現實工作變得有挑戰性、更富價值的天才。他們可能不太喜歡做家事，但不會抱怨，反而設法把做家事的過程轉變為一種自我修養、自我改進的訓練。

想使他們覺得厭煩、無聊，恐怕是一件很難的事。不過，這種人如果想使別人覺得厭煩、無聊，倒是易如反掌。

- **散步走路**

走路是一項健康的運動。走路既不稀奇，又不時髦（就和這種人的為人一樣），但長期走下來，卻令人受益無窮。

這種人對需要緊急完成的計劃沒興趣，不喜歡馬拉松賽跑，也不愛吸引他人注意，是有耐心的人，也有信心面對一切事物挑戰。

從臥室風格看一個人的性格

如果有機會參觀他人的臥室，千萬要仔細觀察，把握大好機會。屋主是一個怎樣的人？是否值得交往？會不會是個表裡不一的人？凡此種種，他的臥室都可以回答你。

在一棟房屋的所有房間中，臥室是最私人的空間。

一個人可以使臥室成為一個私密性極高的地方，只有自己可以進去；也可以將它變成一個公共空間，與他人一同分享。

所有個人用來裝飾臥房的東西，由床鋪的床單到牆上的繪畫，都暗示了自身是個什麼樣的人。

- 起居室就是臥室

這類人的臥室就是生活的中心，用來吃飯、娛樂，當然也用來睡覺。

窗戶沒有窗簾，門也沒上鎖，很希望別人了解自己，一塊分享個人的興趣和歡樂。他們喜歡創造一個屬於自己的天地，甚至很認真地考慮在靠床的地方擺一台小冰箱。

這種人的作息起居全在一個房間裡，認為這麼做可使挫折感減至最低，得到最大的安全感。

• 英雄式臥室

這類人的臥室牆上貼了每一位曾經崇拜、景仰過的人物海報，而且每張海報裡的人頭都比真人還大。

他們覺得面對偶像要比和一般人相處容易，容易放棄身邊唾手可得的東西，追求遙不可及的事物。這類型的人對自己沒有自信，因而把偶像們看得比生命還重要，看得比自己還高。

- 睡覺用臥室

無論這類人的臥室樸實到只有四面白牆，以及一張輕便的小床外加床頭櫃，或者正式到變成一間內含沙發、小茶几的套房，對他們而言，都只不過是一間睡覺用的臥室而已。

裡頭每一件東西都有自己的位置，有特定的空間。這種人會嚴格控制自己的情緒，做事要求一定的規矩。

他們不在客廳做愛，不在床上吃飯，也不在沙發上睡覺。

- 裝潢過的臥室

如果一間臥室裝潢得美輪美奐但卻不具個人風格，那這間臥室的主人一定是有格調且守規律的人。

這樣的人不太信任自己的判斷力，深怕會因為多擺了一盆盆栽，貼了一張海報或一張照片，就破壞了整體的裝潢。

這種人能應付各種麻煩而不製造麻煩，也是一個寧可奉命行事而不願當長官的

人。雖然很誘人，可是他的客人從不知道該怎麼做，才能常到他的臥室裡坐坐，因而感到有些茫然被動。

● 倉庫式臥室

別人的房間都整齊、清潔，適合朋友來訪，但這種人的臥室卻是個危險地帶。

雖然家裡其他廳房相當整潔，代表他想留給別人良好的印象，但臥室卻完全私反應出私底下的邋遢。

表面上看來，這種人似乎十分感性，而且人見人愛，可是那間到處是待洗衣物和雜物的臥室，卻告訴別人事實並非如此。

● 玩耍式臥室

這種人就像一個大孩子，會邀請其他人到自己的房間玩，臥房裡甚至有鏡子、玩具、用來打枕頭戰的軟枕頭以及小水槍。這是因為這種人沒辦法直接表達心中感受，因而希望透過遊戲的方式，達到溝通的目的。

- 孩提時代的臥室

這類人可能仍保有小時候第一間臥室中留下來的傢俱、紀念品、玩具、隊旗，以及掛在牆上的獎狀和畢業證書。

他們還沒準備好要離開父母親的保護及管束，還沒準備好要離開童年，還沒決定長大獨立之後要做什麼。改變對他們而言是一件可怕的事，因為他們是那種需要經過深思熟慮才敢冒險嘗試的人。

- 性別歧視者的臥室

過度女性化或過度男性化的臥室，表示對自身的性別確認得十分清楚，但也同時卻對異性感到恐懼。

蕾絲床單，一張有罩篷的床，或深棕色、尖銳的邊角以及堅硬的床板，都令異性覺得他們是入侵者，格格不入且手足無措。

這樣的臥室是專為擁有者所設計的，沒有一個客人能在裡頭待得安心，因為主

人並不真的想讓別人認識自己。

如果有機會參觀他人的臥室，千萬要仔細觀察，把握大好機會。

屋主是一個怎樣的人？是否值得交往？會不會是個表裡不一的人？凡此種種，

他的臥室都可以回答你。

從床鋪的選擇看穿性格

不僅從臥室擺設可以看出個性，床鋪的設計更是深層意識的展現，用無聲語言向接觸的每一個人揭露內心世界。

人的一生中，有三分之一的時間是在床上度過，可能是在床上做夢、睡覺、做愛，或只是躲在被子下。

床是人們分享最親密想法和經驗的地方，因而從中也能看出主人的個性。

• 睡單人床的人

睡單人床表示從小到大的教育方式對道德觀影響深遠，而且對自己的社交關係限制得十分嚴格。這種人普遍說來是一個保守主義者，結婚之前，不會和別人分享

自己的床。

• 睡四分之三的床

這種床比單人床大一點，但比雙人床小一點。

這代表和某人同床共枕時，喜歡和對方很親近。這種人可能沒有伴侶，不過這段時間不會太長，雖然還沒準備好對某人做完全的承諾，不過，大約已經準備好七十五％了。

• 睡特大號床的人

這種人需要有自己的空間，用來玩耍或逃避。他們會不計代價地避開被囚禁的感覺，爲的是滿足自己對自由和獨立的渴求。有了特大號床，只要他想和伴侶保持距離，隨時都可以做到。

• 喜歡睡圓床的人

根本不曉得哪一頭是床頭，其實他們也不在乎，認為因為這樣，生活才更有意思。既定的規則無法侷限這種人，他們做任何事情都沒有一定模式，做愛更是如此，從哪開始對他們都一樣。

因為做事隨心所欲，所以有時顯得行徑怪異。

• 睡沙發床的人

這種人可能還沒意識到，但對已經壓抑多年的性欲有著深切的罪惡感。偶爾他會放縱自己，然後再否認曾有過的那番經驗。

每當他們把床折成椅子形狀時，關心的只剩事業，把自己的其他感情和床墊一塊兒隱藏起來。

• 喜歡睡榻榻米的人

這種人喜歡讓自己睡在地板上，這種來自東方半斯巴達式的地板墊子，有股自律的意味。它們就像地板一樣硬梆梆，而這點正合他們的心意，因為他從來沒打算

讓自己太舒適自在。

• 喜歡床有鏡子的人

可能有人說這種人非常自戀，不過這和事實有頗大出入。實際上，他們不太信任自己的情感，經常跳出來，彷彿在一旁觀察自己。或許，有了床上方的鏡子，他才能夠徹底相信，某次難忘的經驗真實地存在。

• 喜歡水床的人

這種人很善變，是真正明白該如何「順應潮流」的人。他們可以把過去的所有性經驗完全融合在一起，使自己成為一個極度性感、令人滿意的伴侶。

做愛時相當投入，能達到忘我的境界，完全忘了時間、忘了地點，沉溺在一波又一波的愉悅和溫暖中。

• 喜歡銅床的人

床就是這種人的城堡，所以四周有精巧的金屬架，四角有四根柱子，覺得自己十分容易受傷，甚至在睡覺時也需要保護，才不會受到他人攻擊。企圖卸下這種防禦心的人，會由於無法攻破這道堅實的堡壘而備感挫折。

在進行性行為前，為了審慎和諧起見，他們會把雙方該扮演的角色劃分得一清二楚，由誰主控、誰服從全部都先講好。

• 喜歡自動調整床的人

睡這種床，只要輕按一下按鈕，就可以抬高或放低人的頭和腳，而且可以調整出上千種位置。喜歡這種床的人是個完美主義者，無論花多少成本、費多少心力，都一定要追求最好。

這種人為人嚴苛，難以取悅，會刻意塑造環境迎合自己的需求和想法，而且堅持到底，不願意順應他人，但要求別人適應。

• 早晨不整理床鋪的人

這種人既不曾有過一位像嚴格的長官一樣巡視床鋪的母親，也不曾遇見一位像母親一樣檢查床鋪的嚴格長官。

自以為對人生的態度相當的超然，但其實真實性格就反應在現實生活裡，不過是既懶惰又無紀律的人罷了！

• 早晨整理床鋪的人

如果在早晨下床前就把自己的床鋪整理好，代表愛整潔、擅長打扮自己。不過，如果每天早上都一定要把床鋪整理得極度漂亮，那就是有潔癖。這種人會把浴室中的每一條毛巾都疊得整整齊齊，將家中每一個角落都打掃得一塵不染，甚至在沙發上蓋一層塑膠套子。別人前來作客根本無法放鬆心情，因為他無時無刻都在找尋掉落的塵屑。

不僅從臥室擺設可以看出個性，床鋪的設計更是深層意識的展現，用無聲語言向接觸的每一個人揭露內心世界。

12.

從喝酒看清你的朋友

在酒桌上，如果你仔細觀察，
會發現每個人端酒杯的姿勢都不盡相同，
從端酒杯的姿勢可以看到一個人的個性。

男女抽煙心態大不同

男性抽煙是因為他們喜歡香煙，女性抽煙則是因為她們厭惡香煙；男性抽煙是出自於自身的需要，女性抽煙卻是做給別人看。

抽煙是有害的。很多研究顯示，抽煙有百害而無一利。美國把抽煙稱為「二十世紀的鼠疫」，毫無疑問的，抽煙是一種慢性自殺行為。

煙草的化學成分十分複雜，光是有毒物質就多達二十多種。除了眾所周知的尼古丁之外，煙草裡還含有一氧化碳、煙焦油、芳香化合物等等，這些都是具有很大危害性的致癌物質。抽煙的時候，煙霧中的有毒物質和有害氣體高達七百五十種以上，濃度十分驚人。美國科學工作者在一家充滿煙氣的酒店裡進行測試，空氣中的有害物質竟然比平常的地點高出十倍。

吸煙的危害數不勝數，最近德國醫學專家的研究證明，常年吸煙的人腦組織常常會出現不同程度的萎縮，容易罹患老年癡呆症。研究更近一步顯示，長期吸煙可能引起腦動脈硬化，時間一久就會導致大腦供血不足，神經細胞變性，繼而萎縮。

而且吸煙和飲酒是很難分家的，科學家最近發現，吸煙者的酒量比不吸煙者大。美國德克薩斯大學健康科學中心的研究人員透過對動物的實驗發現，香煙中的尼古丁可以明顯降低血液中的酒精濃度。專家認為，嗜酒者追求的是酒後醺醺的效果，但由於尼古丁降低了血液中的酒精濃度，抽煙的嗜酒者不能很快得到這種感覺，所以就會喝下更多酒。

尼古丁雖然能夠降低酒精濃度，卻不能同樣地減少酒精分解時產生的乙醛，致使乙醛對大腦以及肝臟、心臟和其他器官產生更大的傷害。

我們不主張吸煙，因為吸煙不僅危害自己，還會汙染環境，危害他人。但仍然有許多人無視於這些危害，選擇繼續吞雲吐霧。聰明的觀察者就能夠藉此機會，在他人吞雲吐霧的同時，窺探他人的內心世界。

• 男性愛抽煙——懷舊心理

有的男人很愛抽煙，我們經常聽到「飯後一根煙，快活似神仙」這句話。

有的男人原本煙抽得不多，但是一段時間之後，煙一根接著一根抽，他們發現有時候需要藉著吸煙的方式排解心中的鬱悶。於是他們把煙作為盾牌，抵禦外界的煩擾，沉溺於煙霧之中難以自拔。這種排遣悶氣的方式不可取。常言所謂「藉酒澆愁愁更愁」，事實上，以煙消愁最終也是「愁上加愁」。

心理學家研究認為，有煙癮的男人多半是弱者。所以，吸煙成癮的男性應該盡量少抽煙，從沉默中走出來，回到正常的現實生活當中。

• **女性愛抽煙——好勝心強**

好抽煙的女性很有野心，好勝心極強，性情比較孤僻，總是希望在別人的心目中獲得一種鶴立雞群的「英雄」形象。

抽煙的女性與抽煙的男性具有不同的潛在意義。男性抽煙或許是為了展現男性的風采，或是為了應酬等等；女性抽煙則往往是希望帶給別人一種與眾不同的印象，展現自己的魅力。事實上，這種行為是不可能達到目的的。愛抽煙的女性是在逃避孤獨和寂寞。

有趣的是，男性抽煙是因為他們喜歡香煙，女性抽煙則是因為她們厭惡香煙；

男性抽煙是出自於自身的需要，女性抽煙卻是做給別人看。

男性十之八九很難把煙戒掉，但女性一旦發現抽煙會為自己帶來很大危害時，

通常都會很快與煙草「恩斷義絕」。

在事業上，愛抽煙的女性可能會比較順利，但在家庭生活方面就很難說了。

在男性的心目中，抽煙的女性玩世不恭，孤芳自賞。因此，男人會與抽煙的女

性交朋友，和她們做情人，但通常不會與這樣的女性論及婚嫁。

瞬間讀懂對方的心理密碼

吸煙不僅危害自己，還會汙染環境，危害他人。但仍然有許多人無視於這些危

害，選擇繼續吞雲吐霧。聰明的觀察者就能夠藉此機會，在他人吞雲吐霧的同

時，窺探他人的內心世界。

從抽煙動作看性格

抿著嘴抽煙的人缺乏工作上的主動性和足夠的創造性，但為人處世卻很有城府。這種人的猜忌心很強，不會輕易暴露自己的真實想法。

抽煙的人有個人獨特的手勢動作，能夠看出那個人的性格特質。

• 從不抖煙灰——懶散

有些喜歡抽煙的人，養成了煙灰很長也不抖掉的習慣。這種人大都比較懶散，思考的問題往往比較膚淺，很難進行深入的研究。

他們大多缺乏信心，通常身體狀況不太好，具有比較強的自卑心理。如果這種狀況只發生在開會或工作時，這樣的人往往是工作狂，要多注意身體健康狀況。

抽煙時不抖煙灰的人做事情非常大而化之，他們抽煙的時候，不管煙頭還在冒

著煙，就把它隨手丟進煙灰缸裡。

研究發現，這種人可以做一些小事，很難成功地完成一項較為重大的任務。

改變這種狀況最好的方法就是積極思考，勤奮努力，養成良好的習慣，儘量少吸煙，如此不用很長的時間就可以讓整個人煥然一新。

• 叼著煙工作——自信

有的人抽煙的時候會把頭微微地向上昂，用嘴角來抽煙。

這種人對自己的工作充滿信心，比較執著，有可能成為某一方面的專家，但是由於自視過高，通常與同事的關係處理得不夠好，有時還會發生糾紛導致失敗。

不過，這樣的人不會服輸，面對困難時會產生更大的勇氣，如果他們能夠堅持到底，突破重重難關，最後往往會取得成功，因此這樣的人一般都會成為勝利者。

他們的前途光明，很有可能成為高級管理人員。

是否有信心，從抽煙的姿勢就可以看出來。

叼著煙工作的人如果不是十分地玩世不恭，就是相當有自信，如果還習慣瞇著眼抽煙，那麼必然是對自己的能力極為有自信，為人也比較成熟老練。這種人希望

自己的能力獲得別人的肯定，否則就會產生強烈的反抗，或是消極負面的情緒。

除此以外，這種自信心很強的人還有一種動作，就是拇指頂著下巴抽煙。他們喜歡伸直拇指頂住下巴，顯出一副悠閒的姿態，並給人一種陽剛的印象。這種人必須要充分認識自己，揚長避短，以營造良好的人際環境。

• 抿著嘴抽煙——深沉

有的人抽煙的時候喜歡抿著下唇，顯得不慌不忙的樣子。這樣的人不會引人注目，個性比較穩定。他們辦事通常不會採取轟轟烈烈的動作，所以成功的機率很大。他們成功的基本方法是穩紮穩打，從來不做需要冒很大風險的事情。在一個單位或部門裡，前一兩年可能做不了什麼讓人刮目相看的事情，但一段時間之後，他們就會慢慢地得到上司的信賴和重視，獲得發揮才能的機會。

一般來說，抿著嘴抽煙的人缺乏工作上的主動性和足夠的創造性，但為人處世卻很有城府。

這種人的猜忌心很強，不會輕易暴露自己的真實想法。

這種人準備做什麼事情，常常都會經過反覆考慮，但由於對事情的思考時間過

長，往往坐失良機。「三思而後行」固然可取，但若是顧慮過多，反而會阻礙前進的步伐，消磨奮進的信心。

• 用力壓滅煙頭——不滿現狀

有人滅煙頭的方法很特別，他們會很快地用力壓滅正在冒煙的煙頭，就像有什麼急事等著要辦似的。

一般來說，這類人的精力很充沛，做起事來往往不會半途而廢，工作態度很積極，往往也能獲得上司的信任。但是，他們不會處理自己的慾望與現實之間的關係，因此常常會覺得自己懷才不遇，常常感到焦躁不安。

這種人應該注意克制各種非分之想，不斷改變自己做事情的方法，試著提高工作效率，比如學著在煙灰缸裡慢慢地把煙頭壓滅，經常做一些需要耐心才能完成的事情，時間久了，就會形成平和的心態，辦事效率就會有所提升。

• 口水經常弄濕煙頭——個性急躁

有些人的性子很急，就是我們常說的「一口就想吃掉一個胖子」。

這種人在抽煙上的小動作，是恨不得一口氣把一根煙抽完，就像餓極了的人見

到食物一樣，甚至把煙頭都弄濕了，嚴重的甚至會使煙熄滅。

這種人容易憤怒，性子很急。他們有時表現得很貪心，有時又表現得好惡分明。這種人常常會參與各個領域的事情，好像什麼事情都能做。由於他們的執著，獲得成功的可能性會不斷增大，但也經常由於過分急躁而使事情功敗垂成。

• 滅煙頭動作很輕──優柔寡斷

有的人是這樣熄滅煙頭的：輕輕地敲打煙蒂，直到煙頭慢慢被熄滅。這種人的個性和緩，做起事來比較慎重，對人的態度比較溫和，很注意對方的言談舉止。

他們最明顯的特徵，就是不會很好地表達自己的意見和建議，無論做什麼事情常常都會猶豫再三，舉棋不定。因為他們思考問題比較深入，也許在熄滅煙頭的時候就是在思考問題也說不定。

這種人具有一定程度的領導才能，因為他們考慮問題比較全面，但是要特別注意培養果斷能力，不要給人留下沒有魄力的印象。

這種人如果工作多年仍然沒有得到提拔，除了其他的原因之外，最重要的原因就是上司認為他沒有魄力，辦事不夠果斷。

其實，他們只是沒有表現出來而已，並不像外人認為得那麼不果斷。這種人要訓練自己在縱觀全局之後快速做出決斷，切忌思前顧後，錯失良機。

• 用水澆滅煙蒂——作風嚴謹

有的人膽子很小，把煙頭丟在煙灰缸裡還擔心煙頭不熄滅，所以總是要用水澆熄煙蒂。

這種人通常屬於神經質、操勞型的人。他們的膽子很小，一整天都小心翼翼，如果早上和老婆小吵了一架，也許一天都不安寧。

應該注意的是，無論做什麼事情，既要心細，也要膽大，不要整天患得患失。

很多事情都沒有自己想像的那麼複雜或可怕，不要總是膽顫心驚。

瞬間讀懂對方的心理密碼

不抖煙灰的人懶散、抿嘴抽煙的人城府極深、個性急躁的人經常弄濕煙頭……抽煙、捻煙的小動作裡，也藏有大大的性格玄機。

從喝酒看清你的朋友

在酒桌上，如果你仔細觀察，會發現每個人端酒杯的姿勢都不盡相同，從端酒杯的姿勢可以看到一個人的個性。

飲酒是很多人都很喜歡的事情，詩仙李白曾經有「將進酒，杯莫停」的豪言壯語，因此後人就有「李白斗酒詩百篇」的傳說。

李時珍在《本草綱目》中曾經說過：「少飲酒提神，多飲酒傷身。」這裡所說的「酒傷身」，主要是說酒精中毒。

研究證明，大量酒精進入人體之後，就會隨著血液進入大腦，從而使大腦受到傷害，大腦的功能就會紊亂。

隨著血液中酒精濃度的增加，一個人會面紅耳赤，頭腦發昏，意識朦朧，言語

不清。久而久之，身體就會受到損害。

可是社會交際中，喝酒確實是一個比較重要的方式，所謂「無酒不成禮」，所以有的人就大聲喧嚷「捨命陪君子」。

在酒桌上，如果你仔細觀察，會發現每個人端酒杯的姿勢都不盡相同，從端酒杯的姿勢可以看到一個人的個性。

有的男性喝酒時，喜歡緊攬酒杯，用拇指壓住杯口，這種人個性外向，具有較強的進攻性，願意與人交往，經常扮演活絡氣氛的角色，成為大家關注的人物，屬於豪爽型的人。

有的男性喜歡把整個酒杯緊握在手掌裡，這種人比較有主見，在酒桌上並不急於進攻，常常是後發制人，當別人都喝得差不多的時候，才開始發動攻勢。生活中，這種人很有個性，經常不聲不響，但心中有數，什麼時候該做什麼，什麼時候不該做什麼，總是能夠把握得很好。

有的男性用兩隻手抓住酒杯，給人一種擔心酒杯落地的感覺，這種人個性比較內向，不善言詞，為人比較謙恭，在喝酒時始終處於被動狀態，別人不端酒杯，就

很少主動敬酒，在別人舉杯相賀的時候，經常一個人悶悶地坐著，給在座的人留下滿腹心事的印象。這種人屬於沉思型，平時喜歡一個人靜靜地思考問題。

有的男性經常用手捂住酒杯，喝酒時，往往會做一些小動作，不是偷樑換柱，將礦泉水倒入酒杯，就是喝一半倒一半。這種人比較善於偽裝，常常給人以捉摸不透的感覺，在捂住酒杯的同時，也就捂住了自己的內心世界。

女性在這方面與男性稍微不同，她們經常是為了應酬或禮節喝酒，端酒杯的動作也體現出各自的個性。

有的女性喜歡將酒杯平放在手掌上，這種女性個性外露，屬於興奮型的人。她們活潑開朗，聰明伶俐，常常一邊說話，一邊吃東西，十分健談。說話時娓娓而談，妙語橫生，給人一種很機靈的印象。

有的女性在飲酒時，喜歡用手握住高腳杯的下面，食指伸得很長。這種人城府較深，對金錢、地位、勢力有很大的慾望，善於隨機應變，見風轉舵，是比較標準的「勢利眼」。

有的女性喜歡一邊玩弄酒杯一邊吃東西，喝酒時顯得漫不經心。這種女性整天

為各種各樣的瑣事纏身，根本沒有精力和時間去思考大事，經常會因為日子過得舒心而安於現狀，缺少成名的內在衝動，也不大會成為傑出的人物。

有的女性習慣用一隻手緊緊地握住酒杯，另一隻手有意無意地在酒杯邊緣上撫摸。這樣的女性內心細膩，比較善於思考，不容易衝動，更不會感情用事，對事情的處理一般比較冷靜，很有分寸。

有的女性或將酒杯緊緊地握在手中，或將酒杯放在大腿上，這種人較為隨和，是很好的聽眾，無論做什麼事情，都顯得比較穩重，善於聽取別人的意見，待人接物十分得體，給人比較高雅的印象。

瞬間讀懂對方的心理密碼

飲酒的是是非非，是一言難盡的，有好處，也有壞處。端起酒杯，能看到一個人的秘密；喝下美酒，會發現一個人的個性。

藉酒精改變自己的個性

有的人很喜歡狂飲，最重要的目的就是為了改變自己的個性。希望透過大口地喝酒，證明自己與過去不同。

懦弱的人總是想變得勇敢一些，沉默寡言的人也不希望自己終生是「悶葫蘆」，在某些特定的場合，希望改變自己的人，可以藉著喝酒做出令人吃驚的事情。喝酒的時候，由於處於一種較為放鬆的狀態，平日無法流露的真情，也就隨著酒場的自由氛圍而體現出來。

有的人很喜歡狂飲，不管是什麼酒、多大的酒杯，都會一飲而盡，好像喝酒對他們來說是很大的樂趣。他們之所以狂飲，其實有很多用意，最重要的目的，就是為了改變自己的個性。

也就是說，他們希望透過大口地喝酒，證明自己與過去不同，在心理上感覺到自己的個性已經發生了變化，從而達到改變的目的。

這種人不是因爲愛好喝酒而喝酒，而是「醉翁之意不在酒」，是渴望改變自己的個性而喝酒。具有這樣的喝酒習慣的人，對酒的選擇比較嚴格，一旦認爲某一種酒最能滿足自己的心理需求，他就會偏愛這種酒，其他酒再好也不會多看一眼。其實，並不是這種酒在他們的感覺中有一種特別的滋味，主要是一種心理上的作用，每次喝這種酒的時候，心裡就會產生愉悅的感覺。

從這裡我們就可以知道，特別喜好某一種酒的人，個性明顯與一般人不同。

瞬間讀懂對方的心理密碼

單純的外在行為並不能真正地改變自己，只有真正認識自己的缺點，並在日常生活的接人待物中逐漸改變原有性格中的不足之處，才是正法。瘋狂飲酒僅是一種暫時逃避現實的方式。

愛喝白酒的人善於社交

愛喝白酒的人對社交活動很感興趣，同時具有很強的同情心，善於調和各種矛盾，經常扮演好好先生的角色。

對大多數華人而言，喜歡喝白酒幾乎成了一種習慣。如果在飯菜擺到桌子上的時候沒有白酒，他們就會覺得少了什麼東西，儘管飯菜很香，也會覺得索然無味。

這種人對社交活動很感興趣，同時具有很強的同情心，善於調和各種矛盾，經常扮演好好先生的角色。

一般而言，他們的耳根子很軟，很容易受對方的影響，不管對方說的正確與否，總是頻頻點頭，表示贊同。

他們喜歡聽別人的奉承，但聽不出奉承的真實含義，當別人恭維一番後提出不

合情理的要求時，很多時候都無法拒絕。很多人在酒桌上辦了平時不願意辦的事情，就是礙於這種情面。

愛喝白酒的人往往善於社交，很喜歡女性，對見到的任何女性都表現得特別親切。他們還同情弱者，願意為弱者伸張正義，即使因此遭到失敗，也在所不惜。在工作場合中，由於他們經常持與人為善的觀點，比較關心部屬，所以部下也很擁護他們。但是他們不善處理自己與上司的關係，因而很難得到上司的信賴。

愛喝白酒的人有一個明顯的特點，就是為了獲得他人的認同，他們會以極大的耐心，去做一些自己很難做到的事情。

瞬間讀懂對方的心理密碼

愛喝白酒的人總認為只有喝酒才能廣交朋友，因此交來的朋友多半只有在酒桌上稱兄道弟。他們不知道，很多酒肉朋友是靠不住的。

愛喝黃酒的人有自信心

愛喝黃酒的人比較理智而有自信心，不管在什麼情況下，他們都不會因喝酒說出胡話，更不會做出失態的舉動來。

喝酒的人有兩種，一種人是見酒就饞，見酒就喝，不需任何藉口，每天都可以喝上幾盅；另一種人是喝酒必有理由，從不喝沒有目的的酒。

那些喜歡喝白酒的男人，常常是嗜酒如命。至於那些愛喝黃酒的男人，對酒的愛好卻很有分寸。

愛喝黃酒的人對喝酒這件事很講究，喜歡在極不相同的環境裡喝酒，總是追求情趣。比如，在高朋滿座的場合，他們興致很高，常常會把整杯的黃酒一口吞下去；而在夜深人靜，獨自一人的時候，他們往往獨斟自飲，慢慢品味。

這種人很會把握尺度，從不被酒所迷惑，借酒發瘋或爛醉如泥是喝酒者常有的事，但一般不會在他們的身上出現。

即使在酒酣耳熱、不勝酒力的時候，他們也能保持清醒，不管在什麼情況下，他們都不會因喝酒說出胡話，更不會做出失態的舉動來。在酒意濃濃之中，他們也不會忘記自己和他人所說的話，記住每個人的一舉一動。

這種人比較理智，也比較自信，無論做什麼事情都深思熟慮，儘量做到恰如其分，所以常常能獲得成功。

他們很善於抓住時機，經常伺機而動，在生意場上使對手措手不及。他們精明、果斷、沉著、冷靜，常常令對手佩服得五體投地。

愛喝黃酒的人比較理智而且有自信心，總是「別人皆醉我獨醒」，這樣的對手才是真正的對手。

由於他們很自信，所以做事往往與眾不同，經常蔑視常規。這種人不大相信那些成說定論，總能從新的角度去思考問題，在很多事情的處理上，常常會下一些一般人認為的險棋。

可能正是因為獨出心裁，經常會取得比別人更好的成績，在同輩人的競爭中，常常能戰勝眾多高手，成為脫穎而出的佼佼者。

很多上司都願意把棘手的事情交給他們去辦，他們也總是不負眾望，多半都能取得預期的效果。

瞬間讀懂對方的心理密碼

愛喝黃酒的人的出色表現常常會遭人嫉妒，每次獲得成功總會被流言包圍。他們的個性與他們愛喝的黃酒一樣，有時轟轟烈烈，引人注目；有時又冷冷清清，被人遺忘。這也應了「有一利，必有一弊」的古語。

愛喝啤酒的人心情常保愉快

喝啤酒是心情愉快的一種表現，很多人會透過喝白酒達到「藉酒澆愁」的目的，而不是用幾瓶無法讓人麻醉的啤酒去擺脫煩惱。

高興的時候要喝酒，悲傷的時候也要喝酒。對多數人而言，高興也好，悲傷也罷，不管是什麼酒，只要能滿足心理需求即可。至於什麼時候喝白酒，什麼時候喝啤酒，什麼時候喝紅酒，很多人都不在意。

但是，從美國社會學家的調查可以看出，喝啤酒是心情愉快的一種表現，悲傷和苦悶的時候，啤酒就會讓位給白酒。很多人會透過喝白酒以達到「藉酒澆愁」的目的，而不是用幾瓶無法讓人麻醉的啤酒去擺脫煩惱。

約會的時候，喝啤酒的男士通常是想表現出最自然、最原始的自己，女士切不

可認為對方沒有男子氣。

與這樣的男士交往，女士比較安全。因為喝白酒往往會使男士控制不住自己，做出一些令雙方都十分尷尬的事。喝啤酒則不同，對「海量」的男士而言，喝了超過白酒量二到三倍的啤酒，也不會失態。

與女士約會時，喝啤酒的男士常常勸同行的女士也喝啤酒，目的是希望對方與自己有同樣的好心情，期待進行愉快的交談。這樣的行為既不會給人矯揉造作的感覺，也不會讓人覺得自己是在高攀對方。

瞬間讀懂對方的心理密碼

有的人喜歡特定品牌的啤酒，表現出一種特有的傾向。有的人在選擇啤酒的時候，比較注重公司和產地等，這已超出飲酒娛樂的範疇。其實，不同的啤酒味道都差不多，之所以挑選特定的酒，最主要還是心理因素。

愛喝雞尾酒的人值得信賴

喜歡喝雞尾酒的人不會爛醉如泥。喝雞尾酒多半是為了調節氣氛，在他們的酒杯裡，往往注入很多情調。

時常酩酊大醉的人都喜歡喝白酒，十個醉漢裡，至少有九個是喝白酒的。雖然喝白酒的人不一定都會醉，但愛喝白酒的人都有狂飲的習慣。

如果一個人長期狂飲白酒，喝醉肯定是常有的事。對一個經常醉酒的人來說，最大的後果就是很難得到別人的信賴。

相反的，喜歡喝雞尾酒的人一般都不會狂飲，更不會爛醉如泥。喝雞尾酒多半是為了調節氣氛，而不是僅僅為了喝酒，在他們的酒杯裡，往往注入很多情調。

在龐大的雞尾酒「酒友」中，絕大多數人對酒的要求並不嚴格，只是把酒當作

溝通感情、聯絡友誼的工具。

喜歡喝辣味雞尾酒的人，一般都具有男性氣質，責任感都比較強。在工作中，他們熱情很高，能夠充分發揮自己的作用，勇於創新，深得同事的信賴。這種人為人誠實，不張揚、不虛偽，行為舉止得體，分寸把握較好。

喜歡喝甜味雞尾酒的人一般不喝白酒，除非是在萬般無奈的情況下。這種人喝雞尾酒，常常有很多考慮，其中最常見的是為了與女性找到共同的話題，透過雞尾酒接近女性，從而達到與「美人」共飲的目的。

瞬間讀懂對方的心理密碼

愛喝雞尾酒的人不一定會喝酒，但卻經常把雞尾酒當作營造良好氣氛的工具，這就像不會吸煙的人為吸煙的人遞煙一樣。在女性面前，禮貌性地喝上一口雞尾酒，往往會給對方留下良好的印象。

愛喝威士忌的人心胸寬廣

喜歡喝威士忌的人願意做一番轟轟烈烈的事業，敢於冒險，不願意被人束縛，天生叛逆個性，敢於挑戰權威。

愛喝酒的人總有自己鍾情的酒，至於為什麼和別人不同，喝酒者的解釋都是這樣：這個酒好喝。至於為什麼愛喝，他們常常會支支吾吾地告訴你：反正是好喝，別的理由不重要。

其實，喝酒與每個人的個性有很大的關係。有的人很喜歡喝威士忌，喝這種酒的人具有比較強的適應能力，容易融入群體，能夠充分地採納他人的意見。

在多數情況下，他們很希望到社會上去闖蕩，不願意安於現狀，無論能力如何，條件是否具備，都天天盼望能夠出人頭地。在生活中，他們渴望賺大錢，渴望

得到上司的青睞。總之，這種人的慾望很多。

這種人對女士很講禮貌，很願意接近女性，並且常常表現得很親密。他們比較主動，能明確地表達自己的意思。

由於喝威士忌的方式方法不同，在個性方面便展現出不同的差別：

• 稀釋的威士忌

有的人喜歡喝經過稀釋的威士忌，如果擺在面前的威士忌未經稀釋，他們寧可選擇不喝。這樣的人很願意與人交往，總希望把自己的想法充分地傳達給他人，不管在什麼情況下，都能適應環境，一般都能與很多人有良好的關係。

• 加了冰塊的威士忌

有的人在喝威士忌的時候，喜歡在裡面加冰塊。

這種人不善言詞，語言表達能力往往比較差，常常言不由衷，詞不達意，不能用準確的語言表達自己的意思。他們比較在意周圍人的議論，缺乏主見，人云亦云，因此常常被他人的意見所左右。

但這樣的人在工作場合的人緣很好，常常發展得很順利，往往平步青雲。他們

最大的長處是會掩飾自己的情緒，不將喜怒哀樂寫在臉上。

有的人喜歡喝威士忌的原因是覺得威士忌夠勁。這種人願意做一番轟轟烈烈的事業，敢於冒險，富有開拓精神，不喜歡條條框框，不願意被人束縛，天生叛逆個性，敢於挑戰權威。

瞬間讀懂對方的心理密碼

喜歡喝威士忌的人富有很強的創造力和正義感，不同流合污。從表面看，這種人比較冷淡，不太熱情，特別是對女性。但是，實際上這種人的內心卻常常是溫柔而熱烈的。

和別人打交道，一定要掌握說話辦事訣竅

活用說話藝術，改變對方的態度

Change the other person's mind

易千秋 編著

法國哲學家拉布呂耶爾說：「有時候，談話的妙處並不在於表達自己的想法，而是在引發別人的想法，讓他主動接受自己的觀點。」

深諳說話的藝術，人與人之間就可以在融洽愉悅的氣氛中，交流彼此的想法和看法。有時候，你和對方並沒有交集，但是，透過巧妙的說話技巧，卻可以讓彼此敞開胸懷，順利達成自己的目的。

想提昇自己的競爭力，和別人打交道，一定要掌握說話辦事的訣竅。

換個說法，就能
改變對方的看法
CHANGE ANOTHER
WAY TO TALK

看穿人性弱點
厚黑說話術

戴爾‧卡內基曾說：
「如果你想要別人接受他們不想接受的要求，只需將這些要求包裝在他們喜歡聽的話語之中。」
確實如此，不論溝通、談判或是推銷自己的想法，想要順利達成目的，
就必須先看穿對方潛藏的心思，然後用對方最喜歡聽的話語，巧妙地傳達自己的意思。
如果你能在言談間看穿對方正在想什麼，便可以透過誘導式的說話方式，
牽引對方往自己設定的方向走。

王照———編著

瞬間讀懂對方的心理密碼

作　　者　陶　然
社　　長　陳維都
藝術總監　黃聖文
編輯總監　王　凌
出 版 者　普天出版家族有限公司
　　　　　新北市汐止區忠二街 6 巷 15 號
　　　　　TEL／(02) 26435033 (代表號)
　　　　　FAX／(02) 26486465
　　　　　E-mail：asia.books@msa.hinet.net
　　　　　http://www.popu.com.tw/
　　　　　郵政劃撥 19091443 陳維都帳戶
總 經 銷　旭昇圖書有限公司
　　　　　新北市中和區中山路二段 352 號 2F
　　　　　TEL／(02) 22451480 (代表號)
　　　　　FAX／(02) 22451479
　　　　　E-mail：s1686688@ms31.hinet.net
法律顧問　西華律師事務所・黃憲男律師
電腦排版　巨新電腦排版有限公司
印製裝訂　久裕印刷事業有限公司
出 版 日　2021 (民 110) 年 10 月第 1 版
ISBN◉978-986-389-790-3　　條碼 9789863897903
Copyright◎2021
Printed in Taiwan, 2021 All Rights Reserved

國家圖書館出版品預行編目資料

瞬間讀懂對方的心理密碼／

陶然著.—第 1 版.—：新北市,普天出版

民 110.10 面；公分. - (溝通智典；29)

ISBN◉978-986-389-790-3 (平裝)